관계도
반품이 됩니다

我也不想一直當好人

把痛苦、走偏的關係，
勇敢退貨，只留下對的人！

朴民根——著
袁育媗、黃莞婷——譯

目次

chapter 1 你總是被當成好欺負的軟柿子嗎？

chapter

2

和扭曲、痛苦的關係說再見！

chapter

3

開始重整關係，留下對的人！

chapter

4

劃出善良底線，成為溫柔但堅決的人！

chapter 5

這樣做，成為讓人想親近的人！

推薦序

疲憊的好人與眞誠的壞人

「你真是好人！」後來他聽到這句話，真的會怕。因為常找他訴苦的女同事，喜歡突然請他「幫忙」，那是一種「既然你理解我的痛苦，所以你也要對我展現義氣」的無言默契。

好人、好人、好人……，這兩個字很像魔咒，放不下這種好評價，讓他常因此被利用。因為他幫了她，會得到一句讚美，但是公司裡有好的事，她倒是「當仁不讓」——雖然偶爾會留一些她吃剩的「菜渣」給他，算略施小惠。

有一次他聽到她對別人大方分享，她經營人脈的心得，他才知道自己被「經營」了。哇！這種經營真是好交易，累的都是他，但她卻自稱是「真誠」請人幫忙，就會得到善意回意！

「多麼心理勵志類的屁話！」、「好啊，那我不幫啊，看她會多真誠。」

他是鐵了心拉開距離，她也很「真誠」地不斷說他不夠意思，說他造成了她的困擾，為什麼那麼沒義氣，難道不知道她過得很辛苦嗎？跟她比較親近的同事還跟著落井下石，說他不幫忙，還有誰可以幫，這是他很擅長的部分啊！

他就算很擅長，並不代表他就不能拒絕，不是嗎？他是真的不喜歡就說不喜歡，然後發生了什麼事呢？他就開始被人家閒言閒語啦，同事私下聚會也不找他了啊！因為她的同事關係都有在「經營」，主管也被她「向上管理」，現在不但連「菜渣」都不給他，有困難的任務也都優先「推薦」他。

果然很會經營人脈的人，要砍起人來，也是刀刀見骨！後來他就離職了，因為他再也得不到公平的對待，他的好意被當成提款機，誰都想來透支他的善意。「能力好」有什麼用呢？比不上「人際好」的人啊！

他也不是不會自我保護，但有時候難免會有鴕鳥心態，想說忍一忍就過了。只是這次碰上了魔王，她剛開始表現地掏心掏肺，他想說要回報對方的信任多少幫一點，結果她步步逼進，讓他越來越後悔。

就這本書的說法，他是在假關係中，沒有建立起「真關係」。溝通互動的時候可以帶著善意，但是要同時面對拒絕對方時的緊張，還要專注在自身認為最重要的價值。

我很推薦這本書裡面的「開啟良好對話的十二個步驟」，因為這種溝通是要先跟自己溝通，這顯然有賴於平時的自我訓練，而不能期待自己在完全沒有準備的情況下，突然能適當地面對對方丟來的困難。用我自己的說法，**是要先跟自己連結，再跟對方連結。**

搞不清楚自己在想什麼，很容易就被「人際高手」牽著鼻子走。一山還有一山高，現在強調能操縱人心的書也不少，如果我們自己沒有穩健的核心，打造堅定的自尊及自信，又怎麼能在表面微笑、背地捅刀的職場求生存？

其實做一個幸福的輸家也不錯啊！至少不會默默委屈，越做越傷心。祝願您，能為自己活，擁有真關係！

臨床心理師

洪仲清

推薦序

掏出你的好人卡，然後燒掉

要是能這樣就好了。

坐在我對面的好人們，幾乎都有同樣的願望，他們一進會談室就開始掏皮夾，但掏的不是現金，而是一疊一疊的好人卡。每張好人卡儲存的不是貨幣，而是一堆沒人想還的人情債，好人心地良善，不知如何停卡，除了一把燒掉，別無他法。一想到這，他們會委屈地冒出一句：「為什麼坐在這裡的是我？為什麼不是那些傢伙！」

很簡單，因為沒有界線，而沒界線是當好人的基本門檻。

其實好人很清楚，界線一直都在自己心中。遺憾的是，那條線很難畫進現實，因為真正的生活沒有刻度，縱深難以度量，於是好人無從下筆，也不敢想像一旦畫下界線，會帶來什麼後果。

畢竟畫那條線，需要硬起來，需要對某些後果做好心理準備。但正因為好人擔心面對衝突，不想被誰怨懟，所以最後坐在我對面的，不會是那些對他們造成困擾的傢伙。

但現在，你不一定要坐我對面，你需要的也不是一支賴打，而是一套關於好人卡的回收流程，本書作者朴民根剛好會教你怎麼做，回收流程一共五關，簡列如下：

- **【理解情緒】**：好人害怕被討厭，通常源於無法辨識自己與旁人的情緒，為了避免衝突，只好逆來順受平息難題，久了就吐血得內傷。對此，作者除了引用心理學知識協助讀者辨識情緒外，亦附帶「情緒量表」供讀者自我覺察。
- **【忍痛斷捨】**：「練習拒絕」一向是好人的切身課題。從嘗試拒絕、接納被拒絕的風險，到果敢放生損友，脫離假面關係，作者提供了一系列的實用技巧，供讀者刻意練習。其中最重要的原則是「別讓自己受傷」。

● **【人際重整】**：好人不缺人際關係，缺的是「自己想要」的關係。如何主動爭取，除了在語氣與話題上下功夫，肢體語言也不可偏廢，但對好人而言，翻轉人際觀念才是重點，一如作者所言，「社交不用多，但一定要真心」。

● **【堅定態度】**：好人也有情緒，只不過是在冰層下翻湧，它們大多被壓制住，而非處理掉。因此，學習安撫自己的嫉妒、對不友善的關係釋懷，以及保持溫和而堅決的態度，是讓自己不委屈的關鍵。

● **【關係維穩】**：當好人明白自己所為何懼，硬起來斷開孽緣，只留下了對的人，並妥善處理負面情緒後，就可以開始學習經營一段真誠的關係。維持穩定的關鍵包括建立形象，培養同理心，並勇於練習道歉。

回收好人卡的過程中，好人必須釐清關係的親疏遠近，不斷調整人際分寸。薄弱的連繫會自動脫鉤，社群媒介的朋友串列會再度洗牌，清空關係後會悵然若失，經歷一段陣痛期，但這不代表世界末日。

燒掉好人卡，並非意味著燒掉所有的人際關係，而是燒掉過往的「人際策略」。繼續當好人沒問題，但最起碼要搞清楚自己「要什麼」，花點心思，仔細定位每段關係的距離，做出不讓自己委屈的回應，結交值得分享人生的朋友，才會不浪費你的好心。

好人不缺好心，但千萬別拿去換絕情。

臨床心理師、作家

劉仲彬

推薦序

人際關係有難題，備好工具再上路

人類是社交生物。在親情、愛情與友情中，我們可能都曾體驗過「與你分享勝過獨自擁有」的快樂。但同時，人際關係帶來的痛苦，卻也可以是巨大而讓人無所適從的。從建立關係開始，到進一步的維持與經營，裡頭都有許多難以明說的眉角。

本書主要談人際關係中的「忍」，或更精確地說，是「壓抑」。是期待「忍一時風平浪靜」，卻沒想到退一步之後，自己越想越氣的那種壓抑。

作者來自韓國，和台灣一樣隸屬亞洲。亞洲人自有一套特定的群我思想，相較於西方，東方人更重視相處時的和諧、禮讓，以及面子。這種集體主義深刻地影響著我們待人接物，也醞釀出一些特定的人際煩惱。

好比，我們文化裡有許多「壓抑高手」。為了面子、為了和諧，我們有話不說。從一開始的不敢說、不知道怎麼說，演變到後來的「不會說了」。鬱悶在心中的結，哽住的不只是自己，更間接影響到周圍他人。

除此之外，「認真達人」也頗常見於東方文化。在思考人際困境時，許多人陷入「都是我造成的」迷思裡，沒意識到關係是雙方共同維繫的結果。**太認真、過度執著，通常無法改變另一個人，反而還可能造成反效果。**此謂方向不對，努力白費。

從書中案例反思你的人際關係

儘管人際關係需要經營，但經營並不等於「卯起來、拚命、認真」。努力前，需要找對方向。藉由書中一個個案例，我們可以借鏡各種人際難題，看看主角們用了什麼新觀念去破解本來卡住的地方，進而找到新出路。然後，試著思考如何將自己有感的方法，應用在生活中。

大方向如此，但人人面對的人際習題大不同，其實很難找到一個萬用的理論或技巧。本書分享的各種觀念或提醒，就像是一個個小工具。工具有沒有用，取決於你是否熟悉它；同時，更取決於你是否在對的時間，拿出對的工具來用。

「工欲善其事，必先利其器。」你的人際關係工具箱裡頭，目前有多少工具可以用呢？不妨跟著本書作者引導，盤點自己的人際關係、整頓一下手邊有的工具，重新整理再出發吧！

（本文作者為專業臨床心理師，專長為成人與青少年心理治療、職場心理學與員工協助、正向心理學。）

初色心理治療所臨床心理師，「心理師想跟你說」共同經營者

蘇益賢

作者序

那些讓你受傷的關係，不要也罷！

真的有方法能讓人際關係變得更順利嗎？不順遂的關係不一定會讓你馬上得憂鬱症或變得容易貶低自我，但它確實影響情緒且引發壓力。

人際關係跟職場、成功、家庭、愛情、健康等息息相關，也影響一個人對生活的滿意程度。幾乎所有大大小小的事情都是依靠人與人合作完成，進而創造出成果。研究也指出，人際關係良好的人比較容易有好的表現。

因此，人際關係出問題會令人相當在意，即使一個人有良好的收入、健康的身體，生活各方面也都很滿意，但是只要人際關係不順遂，就會覺得自己過得不好。

你身邊有沒有必須退貨的關係呢？那種對你口出惡言、講話尖酸刻薄，日日侵蝕你靈魂的壞關係。

我三十幾歲的時候曾經大量退貨一批關係，一舉斷絕與幾十位朋友的往來。其實，不是每個人都做了直接對不起我的事，其中有幾位只是助長事態擴大，且老實說，事情也沒有嚴重到需要斷絕關係的程度，但我為什麼決定要這麼做呢？因為我想通了，持續這段關係對我的人生沒有任何幫助。我也下定決心，不再和那些當我好欺負且口無遮攔的朋友來往。

在這個世界上就是有人喜歡踐踏好心人，就算他們還沒惡毒到成為「利己主義者」加「心理變態」的程度，但總是以私慾和利益為優先考量。想要不被這樣的人利用，不妨收回無謂的仁慈，因為你的仁慈，對方還不見得領情。不要勉強自己對這樣的人仁慈，忍一時也並不表示你得忍他一輩子。

不要任由他人越過你的界線。

當時，我以為關係斷了，我的世界就會毀滅。過去為了當教授而做的職涯規劃將功虧一簣，還辜負了求學時的大把青春時光。我的世界就像天要塌了一般，好悲慘、好絕望。但現在的我過得比以前更好了，只要好好珍惜自己認為真正重要、真正需要的人，其他來來去去的關係就像浮雲，都會過去的。時間會修補受傷的靈魂，所以遇到必須退貨的關係，不要猶豫，勇敢退貨吧！

當然，你必須三思而後行。

哪些關係必須退貨？哪些關係必須進廠維修，繼續保留呢？這個問題不好回答，因為可能是你和身處的團體本身就不和，也有可能不是人的問題，而是狀況或環境不對。重點是，不要死撐著，任由這段關係使你變得不愛自己。別忘了，這個世界上沒有人比自己更重要。即使再怎麼親的家人，如果這段關係會造成傷害，就要懂得保持距離，甚至斷絕來往。我們應該將從前認為理所當然的關係重新定義，並且學習建立真正的關係、終結虛假的關係。當然，說的比做的容易，但只要你鼓起勇氣說出真心話，會發現並沒有那麼難。

關係要投入情感，而非公事公辦

從我超過十五年的諮商經驗來看，我發現人際關係最重要的因素之一就是「情感交流」，情感的交互作用是影響人際關係好壞的關鍵，從以下兩段對話就可以看得出差異。

對話1

朴課長：金組長，資料準備得怎麼樣？
金組長：明天就能完成。
朴課長：好好準備，不要出錯了。
金組長：是，知道了。

對話2

朴課長：金組長，最近資料準備得很辛苦吧？
金組長：您放心，一切都很順利。
朴課長：你辦事我最放心！看來你今天也得加班，真是不好意思了……。
金組長：不要緊。要不然，明天結束之後請我喝一杯吧！

這兩組對話中，朴課長和金組長談的事情本身並沒什麼不同，但彼此之間的情感交流卻有很大的差異，對話❷可以看出言語間充滿了好感、信賴、鼓勵、義氣等正面的情緒。

你希望建立哪一種關係呢？或許有人因為不喜歡在職場上放太多感情，所以選擇前者的互動方式；然而同事朝夕相處，要是關係都像對話❶，不覺得太死氣沉沉了嗎？再說，不帶情緒，關係就真的沒問題嗎？要是所有的相處方式都像對話❶，過不了多久你就會感到空虛，對人生也將失去希望。職場也是相同的道理，當你覺得人生索然無趣、極度厭惡工作，有可能是因為你的生活中欠缺了情感交流所致。

此外，很多人以為「人際關係」是一種技巧，只要熟悉這項神奇的技能，就能成為關係達人。要知道，人際關係並不是電子產品，它沒有使用說明書，**所以出問題的原因不在於技巧，而在於情感。**

如果你正在一段不和、痛苦、走偏的關係中，本書要教你如何和負面關係說再見，以及什麼才是良好關係的相處之道。人際關係中沒有絕對的真理，但可以保證的是，當你改變了，對方也會跟著改變。先回歸自己的感受，接著再建立一套明確、只屬於自己的人際關係原則。當你累積了智慧，學會建立健全的人際關係，相信你會過著比現在更精彩充實的人生。實際運用書中各種情境的應對及關係恢復的技巧，你一定能克服難關。

Chapter

1

你總是被當成好欺負的軟柿子嗎？

別聽信「忍一忍就過去了！」

雅英原本在大醫院工作，因為輪班制太辛苦而離職，之後她進了一間小醫院，那裡不僅不必輪班，工作氣氛也很好，彼此就像家人一樣親密。然而，來看病的患者越來越多，醫院便請來一位新的副院長，問題就來了。

副院長是院長的學妹，跟雅英只相差兩歲。據雅英的陳述，她認為副院長對外貌相當自卑，她跟其他長相平凡的員工相處時都沒問題，唯獨對雅英講話很不客氣。

她剛上任不久，就曾經冒犯雅英：「雅英，妳的雙眼皮在哪割的？」

雅英一臉錯愕，心想「天底下怎麼會有這般無禮之人！」但她又無法反駁，幸好一旁的資深護理師替她否認，幫了她一把。後來，副院長又拿她的外貌做文章，一下嫌她妝太濃，一下批評她衣服穿太露；工作就更不用說了，三天兩頭就塞給她工作，還時常不合理地指責她。

這兩年來原本工作得很開心，但現在雅英變得好不想上班。每天都戰戰兢兢，不曉得今天會不會又被副院長刁難。朋友都告訴她，人的個性改不了，勸她盡快離職，但是雅英認為再忍一忍說不定狀況就會好轉，所以她又繼續隱忍了半年。

雅英的個性很會忍耐，從小家裡姊妹多，因此常常要壓抑自己的需求，且從來不曾向母親吵著要買什麼。她之所以把每個月三分之一的薪水拿去治裝打扮，可能就是為了發洩小時候的欲求不滿。被副院長投以言語冷暴力時，雅英根本不敢頂撞，就連請她講話客氣些也說不出口。她本身也很看不慣再三隱忍的自己。

「你就忍一下嘛！」

人際關係裡我們最常聽到這句話，因為鼓勵別人去正面對決，不如請他忍耐，這樣比較安全保險。當然，忍耐有時或許是比較妥當的做法，但有些事不該一味容忍，免得被認為是好欺負。

「乖寶寶情結」通常是童年形成的心理模式，小時候為了當乖寶寶，努力壓抑自己的欲望和需求，這種情結如果沒有好好轉化，長大之後就會壓抑自我去討好他人。有乖寶寶情結的人通常對每件事都優柔寡斷、難以做決定，且容易陷入自卑和罪惡感。心理學上也提醒這類人，要小心長期下來會變成沒有主見的被動人格。

我們可以當好人，但沒有必要當濫好人。你只要做到基本的禮貌，在一定限度內體諒他人就夠了。你的內心必須擁有一套準則，不需要對每個人都好，你可以跟某些人親密，對某些人維持點頭之交，而對某些人視而不見。人際關係所帶來的問題有時候大到無法想像，單純的事業失敗不表示人生完蛋，但遇到一個壞人，你可能失去所有，人生因他全毀。對人生或內心造成創傷的事情，不該隱忍。如果我們無法把傷害我們的人請出生活圈，可以選擇不來往或自行離開。

爲何遍體鱗傷，我們卻總是想忍耐？

話說回來，為什麼我們遲遲無法擺脫這些會帶來傷害的關係呢？那是因為「人質心理」作祟。例如深陷邪教的人，你會納悶他們明明苦不堪言，為什麼不離開？因為這些人認為自己無法擺脫，甚至很多時候心裡壓根就不想擺脫。並非心理有問題的人才會掉入人質心理的陷阱，其實我們每個人的內心都有脆弱的角落，只要那一處被人攻陷，就有可能產生人質心理。在我們周遭不乏覬覦這個脆弱角落伺機而動的人，這就是為什麼我們要培養看人的眼光。

雅英的狀況還不到人質心理的程度，她只是不甘心被迫放棄好不容易上手的工作、和諧的同事關係，以及公司附近的租屋。心理學稱這個現象為「沉沒成本謬誤」（sunk cost fallacy），沉沒成本是指一個人為目前成果所投入的成本，沉沒成本過高時，因為捨不得放棄已投入的成本，所以即使未來可能遭受更大的損失，還是難以做出割捨。捨不得放棄沉沒成本，我們就容易沉溺在不好的工作、不幸的婚姻、看不見希望的事。

人們很容易陷入這種荒謬的狀態，只有跳脫，才會明白不快停止將會遭受更大的損失。如果自己難以判斷，可以請教有智慧的朋友或前輩，一起判斷哪一個才是對自己有利的選擇。結交有智慧的朋友是很重要的，有道是「當局者迷」，你可以找至少三至五名客觀的旁觀者，請他們給你一些建議。

當然，不一定是好朋友才行，你也可以找平常欣賞的人，藉由一杯咖啡或一頓飯，請他們給你一些忠告，或者尋求專業諮商，透過幾次的面談來釐清問題。

人際關係好比一座池塘，如果你想和好魚一起悠游，就必須鼓起勇氣把破壞池塘生態的壞魚驅除，才能打造一座和諧的池子。新聞上不難看到遇人不淑、交友不慎的慘痛下場，可見惡劣的關係對精神的傷害，比任何創傷還來得嚴重。

老好人、Yes Man特別需要做表達自我主張的訓練，這項訓練的重點在於傾聽、禮貌、合理的解釋、真誠、坦率。坦率表達自己的需求時，不能忘了保持禮貌和傾聽的姿態，以全然理解對方的立場，佐以合理、真誠的態度表達自己的想法和感受。**表達自我主張也許會吃虧，但最後你一定會慶幸自己當初有勇氣說出來。**

後來，雅英抱著可能離職的心理準備，要求和院長面談。她明確提出自己的看法，開門見山地向院長表示，副院長的品行不端，希望能革職處置。她還照我的建議，不管副院長願不願意看，都要把自己的想法、對方的錯誤一五一十寫下來寄給她。

結果院長因為不希望醫院惹出風波，決定開除雅英。雖然後果不如預期，但雅英不後悔當時的選擇，因為她終於決心不再當濫好人，且明白這個決定會是人生的轉捩點。

爲什麼在關係中，我很容易受傷？

有三個人，A對朋友出手闊綽，B則是貪得無厭又一毛不拔，而C則是算得很清楚，被請多少就付出多少。這三個朋友到底能不能和睦相處呢？在我們身邊不難找到像這樣的朋友，只付出的人被當作傻瓜，只接收的人被嫌不要臉。因此，遇多了，有些人就會選擇變成C，不願意淪落成為付出卻得不到相等回報的人。傻傻付出的人被稱為好欺負的軟柿子，而且有時候軟柿子還惹人厭。

軟柿子英文叫做「pushover」，是指「容易被擊敗的人」，簡單來說就是好欺負、任人擺布的人。軟柿子不但好欺負還很聽話，所以他們周圍總是黏了一堆人。以下是我經常遇到的案例。

美貞身邊有很多朋友。因為有個不愉快的童年，她極度渴望被愛和他人的認可，她很喜歡和朋友聚在一起，所以只要朋友邀約一定出席，辛苦賺來的打工錢全都花在聚餐上了。朋友有煩惱她一定陪伴傾聽，也不忘慶祝她們的生日和紀念日。

但某一天，美貞發現原來自己被當成了軟柿子，而且還不是她自己意識到，而是從別的朋友口中聽到死黨世希的真心話才發現的。

「世希說，她不是因為喜歡妳才跟妳要好，而是因為妳很愚蠢，要妳做什麼妳就跟著做。」美貞聽了大受打擊，她覺得自己人生失敗，絕望無比。

相信每個人都有類似經驗，你可能是當事人美貞，也有可能是世希，當然也有可能是告狀的那個朋友。軟柿子身邊若都是好人就算了，問題是，他們周遭總是圍繞著居心不良的人。如果你總是遇到這樣的人，自己明明沒犯錯卻總是被欺負，可就要懷疑自己是不是被當成軟柿子了。

如果你們只是短暫的關係，見幾次面就不再有交集，那麼問題還不算大，難就難在以朋友或家人之名長期欺負你的人。

控制狂、自戀、依賴等，都是人格上的缺陷

壞人也分等級，喜歡利用人的自私鬼只稱得上普通等級，真正的壞人是連自己多壞都不知道，也就是所謂的人格障礙者，這種人得特別小心了。

根據精神科醫師佛朗索瓦・勒洛爾（François Lelord）和克里斯多夫・安德烈（Christophe André）的定義，人格障礙可以分成以下幾種類型：

- **焦慮型人格：**「現在的狀況很危險。」
- **妄想型人格：**「全世界都想騙我。」
- **做作型人格：**「我要誘惑你，讓你知道我是多麼優秀。」
- **強迫型人格：**「所有事情都必須在我掌控之下。」
- **自戀型人格：**「我最特別。」
- **孤僻型人格：**「我天生孤立冷淡。」
- **A型人格：**「我要掌控所有狀況。」

- **憂鬱型人格：**「我沒有資格享受快樂。」
- **依賴型人格：**「我就是喜歡依附在你身上。」
- **被動攻擊型人格：**「順從等於失敗。」
- **畏避型人格：**「與人交往我一定會受傷。」

根據WHO世界衛生組織的調查，全世界有七%以上的人具有人格障礙，約十個人之中就會遇到一個。這幾十年來社會人心越來越險惡，說不定比例更高。**有病就必須醫治，但人格障礙者很少接受治療，因為他們不認為自己的性格有問題，所以跟他們保持距離才是上上策。**

然而，很多時候我們想避也避不了，還經常得和他們打交道，例如總是把分內工作推給別人、為了升遷或個人利益而陷害他人、為了掩飾錯誤而說謊的人。搞不好現在你腦海中已經浮現了某個人呢！當人格障礙者沒辦法操控對方而達到目的時，便會產生嚴重的被剝奪感和失落感。他們就像侵略蜂窩的虎頭蜂，蜜蜂若不團結起來抵抗公敵，整個團隊都有可能遭受致命傷。

但是，面對公事或職場關係，處理起來並不容易。如果公司老闆剛好是人格障礙者該怎麼辦？如果你待的是大公司，能遠離則遠離，還不至於受到直接的攻擊；但若是小公司，則很難避開，最慘的狀況是你日日夜夜活在他的陰影之下。

當然，天無絕人之路，接下來我將娓娓道來面對人格障礙者時，我們該如何做，才能不輸掉這場心理之戰。

爲什麼不要害怕「被討厭」？

美娜從小就展現領袖特質，小學到大學期間不知擔任過多少次班級和學生會幹部。她是個直言不諱且言出必行的直腸子，遇到不合理的事情，就算有人拿刀架在她的脖子上，也絕不屈服。

然而，公司好幾位上司都看不慣美娜直爽的個性，且更糟的是，她的直屬上司崔組長正好就是其中之一。光是今年，她們為了芝麻小事已發生過五次意見不合的狀況，美娜非常不欣賞崔組長守舊的做事風格，常常在會議或公司聚餐的場合上直言批評，鬧得兩人臉紅脖子粗。

如今，崔組長每次遇見美娜，連正眼都不看她一眼。美娜表面上裝作不在乎，但事實上內心卻很焦慮，她擔心問題其實是出在自己身上。特別是上次崔組長刻意在她的生日聚餐缺席，令她很不好受，因為出席生日聚餐是組內不成文的規定，況且過去幾年來每次過生日，組長幾乎不曾缺席過。

後來崔組長、美娜，以及一名男同事一同到外地出差，不料她們談到銷售分析的時候又意見不合，美娜之後便擺出事不關己的消極態度，好在進行廠商會議時並沒有出亂子，共用午餐時也都相安無事。當他們悠閒喝著下午茶時，美娜想趁氣氛不錯的時候跟崔組長講開，沒想到衝突就在這個時候爆發了。

「組長，您對我是不是有很多意見？」

「我不懂妳的意思。」

「沒關係，坦白告訴我吧！能改的我會努力改進。」

崔組長猶豫了一番，才終於把藏在心裡的話說出來。

「其實我最看不慣的就是妳的口無遮攔，天生個性如此，我想是很難改了。只是有些時候用不著那樣講話，但妳常常無法拿捏分寸。」崔組長花了好長一段時間把悶在心裡的不滿一次講開。

美娜這次一樣按捺不住激動的情緒，對崔組長的批評一條條提出反駁。她解釋，自己並非口無遮攔，只是比較直率，而這麼做是為了讓團隊更好，絕對不是她的個性有問題。接著，她也順勢全盤托出了這段期間對崔組長的想法。

崔組長的臉上似乎寫著「對牛彈琴」的無奈，不論美娜說什麼，她都不願再聽下去了。

之後好幾天，美娜一直走不出低潮，懷疑自己是不是得了火病[1]。她這才知道原來被人極度討厭時，心裡會如此不好受。她覺得自己還沒嚴重到得憂鬱症的地步，但一直擺脫不了負面情緒的漩渦，便決定來醫院諮商。

1 「火病」源自於韓國，屬於心理疾病的一種。因為長期受到壓力、忍耐內心憤怒委屈的情緒，進而產生的疾病。

試著寫感謝信給討厭的人

當你討厭一個人，或許可以自己想辦法調適、解決；但是被人討厭卻沒那麼容易，一方面「被討厭」這件事本身是令人絕望、難受的，一方面是即便你努力挽回，也不見得如你所願。對方已經討厭你了，你能怎麼辦呢？我想大家應該多少有過類似經驗，知道要讓對方改觀非常難。

其實，想要有幸福美滿的人生，就必須懂得做人處事的智慧，讓周遭對我們抱持正面的觀感。為此，我們必須要有同理心，並且學習以適當的發言、行動，讓對方產生正面情緒。

每當我遇到心中充滿憤怒、嫉妒的來談者時，我會請他們「練習寬恕」，這是最有效的處方。在練習寬恕之前，我建議先「練習感謝」，因為寬恕的上一個階段就是感謝，你必須先有感恩的心，才有可能寬恕他人。這些訓練其實就是心智的鍛鍊。

心理學家馬汀・塞利格曼（Martin Seligman）發現，寫感謝信有助於增進心靈健康，然而光是寫信還不夠，**最好直接把這封信交給當事人，利用電子郵件或郵寄，效果會打折扣。**

塞利格曼建議感謝信至少要超過三百字，且內容必須具體，例如他曾為你做過什麼？這件事對你的人生帶來什麼樣的影響？你對此有多感謝？有多常想起？為了製造驚喜，在遞交感謝信之前，不要告訴對方見面的目的。如果你願意當面唸給他聽，效果更棒。你或許會大喊「天啊！這也太難為情！」確實對於一般人來說，很少人能辦得到，但這是一件有益心靈的事情，很值得一試。

再回來美娜的故事，她起初不願意寫感謝信，她認為不該由她先低頭，但後來她還是寫了，且努力去理解崔組長的立場。

原來崔組長是個有事就悶在心裡、放不開的人，因此當美娜先釋出試著和好的姿態時，她就像期待已久般，馬上就接受了。如今，她們倆的感情是團隊中最親密的。根據美娜的說法，她們是最夢幻的搭檔，也是共同克服困難的真正盟友。

給自己的練習

不想被討厭，一定要學會的九個方法

❶ 持續練習說話的技巧

就算意思相同，但表達方式不同，就容易產生誤解，只要換個正確的說話方式，就能提升彼此的好感。

❷ 寫下跟你關係不睦之人的名字，及描述他們的形容詞

為彼此的好感度打分數，能幫助你更快想到如何形容他。並藉此了解你對哪些人的好感度較低？並思考要如何提升彼此的好感度。

3 多關心周遭的人、事、物

如果你忘了某人的婚禮或喪事，其實不只當事人，團體中的其他人也會覺得不好受。每個月規劃一筆社交預算，多關心周遭人、事、物，更何況，只要少買一件衣服就能辦到了。

4 為關切的人製作個人檔案

針對必須特別留心的對象製作一份個人檔案，即使是像飲食喜好這類的小事，之後也有可能產生大大的助益。

5 先寬恕對方、表露善意

有道是猿穴壞山，若彼此之間的信任已出現裂痕，趁關係惡化之前得積極採取行動。

6 道不同，就別勉強同行

有些人不論你怎麼努力也無法改善彼此的關係，例如有心理變態傾向者、心靈受過嚴重創傷的人、自尊感低的人、見不得別人好的善妒者等等。你大可不必花心思在他們身上，有些人值得你牽手同行，有些人則需要你放手遠行。

7 有時候問題的根本原因，其實出在自己

假設內心狀態有所謂的「平均值」，若你的狀態未達平均水準，就很容易在人際關係上碰壁，因此有必要先整頓好自己的內心狀態。

8 當機立斷，決定下一步

開始討厭對方時，你會有以下幾個選擇：解開誤會、握手言和？不在意，當作沒這回事？讓對方發覺你正在躲著他？無論你選擇哪一個，不要考慮太久，請立刻下決定並執行，因為時間拉長可能會引起不必要的誤會。浪費精神和心力只會讓雙方都身心交瘁。

9 多花點時間思考人性

最簡單的方法就是閱讀心理學叢書，花功夫探討人性、為什麼對方唯獨對你如此？說不定背後的原因比你想像的單純。

和別人相處時，總覺得好累

要在社會上打滾，最基本的就是跟前輩、上司保持良好的關係，然而三十出頭的尚哲在年長者面前不但不敢表達意見，連問話都難。不僅如此，面對同輩他也一樣放不開。總而言之，他不善於跟人打交道，其中最困擾他的就是年長的上司。

每每看到同事跟歲數相差二、三十歲的人處得來，他就羨慕得不得了。只要公司聚餐的續攤要去唱歌，他就只能窩在角落負責點歌，眼睜睜看著其他人為了取悅上司而使出渾身解數。

然而，不擅與人相處的個性不見得只有壞處，求學時他把注意力都放在課業，凡事未雨綢繆，懂得提早規劃準備，因此考上了理想的大學。畢業後的求職過程也相當順利，進了人人稱羨的公司。但踏入職場後問題就來了，因為他的工作性質很注重團隊相處，但他怎麼做都做不來，尤其所屬部門幾乎都是年長的前輩，對他來說每天都像在地獄一般。

「為什麼我無法和別人處得來？是天生個性使然？還是因為我把別人想得太糟呢？」這些問題困擾了他好幾年。

諮商過後，我發現最大的原因出在「依附」。從小，尚哲的雙親忙於工作，他是由祖母一手帶大，因此未能與父母形成良好的依附關係。再加上他讀高中時就在外住宿，與家人幾乎見不上幾次面，在他的成長過程中，一直沒辦法和父母自在相處。

安全的依附關係是健全心理的基石，而不安全的依附關係會在兒時留下創傷，需要用一輩子的時間去安撫和修補。

遺憾的是在三歲之前，也有人主張七歲之前，如果未能和父母建立安全的依附關係，那麼他未來的人際相處互動可能出現困難。可見依附關係至關重要，所以這段時期又被稱作「關鍵時期」。不安全的依附關係可能會出現以下問題：

- 對人際交往容易不安、焦慮。
- 與人親近會覺得不自在。
- 過度依賴人，讓對方受不了。
- 總想確認喜歡的對象是否也喜歡自己。
- 得不到他人的關注或關心時，會感到極度失望。
- 跟別人分享自己的想法和感受時，會覺得不自在。

除了跟母親的依附關係之外，與父親的依附關係也很重要。根據研究指出，與父親的依附關係會大大影響孩子的社交、學業表現、自尊感，因此父親必須扮演好橋梁的角色，幫助孩子與外在世界連結，但過去的父親們因為忙碌或漠不關心，沒能做好這個角色。

無法和長輩相處，和不安全感有關

尚哲與父親的關係比跟母親還疏離，他發現在記憶中，與父親幾乎沒有特別的回憶，因此即使到現在，只要跟父親兩人單獨相處還是特別不自在，這也是他無法與年長男性自在相處的原因。

尚哲每天最常接觸兩位上司，一位是沉默寡言的男經理，另一位是快四十歲的女課長。呈交企劃書給課長、接受批評指正都不難，難的是面對經理，每次呈交報告或企劃給經理時，都要費盡九牛二虎之力。只要是跟經理有關的事務，尚哲都得花好幾倍的精力和時間處理，他常常為了檢查和潤飾企劃書而錯過了遞交期限。遲交被罵的時候，他又不懂得掩飾自己的情緒，被問話時也回答得含糊不清。

他很討厭戰戰兢兢怕挨罵的自己，也害怕這樣的自己哪一天會被同事看穿。他曾經鼓起勇氣主動找經理攀談，但氣氛很快就冷掉，經理問話也沒辦法好好回答。雖然經理說他很老實、單純，但他怎麼聽都不覺得是誇獎。

「如果是小時候跟爸爸的關係所造成的，那現在該怎麼改善呢？」

世界上有將近半數的人，因為不安全的依附關係感到人際關係困難，難道這半數人口一輩子都得承受這種痛苦嗎？這也太悲慘了吧！

那麼，我們該怎麼改善呢？

尋求方法之前，先來仔細探討「依附」這個詞。依附是比愛更強烈的情感，英文是「attachment」，「attach」是指與某個對象緊密相連的意思。既然問題出在缺乏親密的經驗，那就要從建立親密關係做起。

不安全的依附關係是需要我們終其一生去面對和解決的課題，所以不必急於一時，只要慎重且按部就班接受挑戰，一步一步克服人際關係的尷尬與恐懼即可。依附的問題還會影響到往後更多的人際關係，乃至戀愛、婚姻、養兒育女，因此我們必須投注相當的心力去重視它。

該怎麼做呢？首先，給自己一個拍拍吧！接受從前因為身邊某個人的缺席而孤單害怕的日子，接著輕撫自己的背、安慰自己。然後，承認對父母的埋怨。過度的埋怨無益，但適當的訴苦卻是治癒心靈的第一步，**此時「書寫」是很好的方法**。這些練習其實不容易，因此不必過度勉強自己，最好選擇心情還不錯的時候做。

和最了解自己的人，傾吐過往

充分回憶過去的孤單記憶之後，接下來輪到我們好好來安慰當時孤單的自己了。你可以自己來，也可以借助他人的力量，後者的效果更好。向對方傾訴你的孤單過去，並接受對方的安慰。這個練習不該臨時起意，而必須事前規劃，向對方充分說明你的狀況後再進行。而傾訴的對象必須是能理解這項挑戰、與你相當親近的人才行。

這項挑戰的目的是獲得他人真心的安慰、一句「你以前好辛苦」的認同。雖然跟父母練習的效果最好，但草率進行只會留下更深的創傷，因此為了做足準備，你可能要花上好幾年的時間也不一定。如果與父母相處起來覺得尷尬，可以先嘗試多跟他們聊天、多一點身體接觸來改善關係。

如果找不到人幫你，那就得靠自己了。自己來效果雖然比較慢，但並不是完全無用。你可以對自己說：

「很累吧？我懂你的累。」

「辛苦了，經過漫長的孤單日子，好不容易走到現在。」

「孤單造就現在的你，孤單不見得都是不好的。」

「愛自己，你是一個值得被愛的人。」

愛，是最好的方法。持續、互動性的人際關係是改善依附關係的治本之道，**因為「人」造成的創傷最後還是得靠「人」來撫平**。如果一個人從小形成的是不安全的依附關係，但成年後的人際關係還算順利，表示這個人在成長的過程中懂得愛人，也充分地被愛。

如果你不想花精神去談戀愛，不妨交一個比自己大十多歲的朋友。大可不必抱著找生死之交的心態去認識對方，參加社團或從平常的興趣圈裡自然地交朋友，你會發現跟比自己年紀大的人相處沒有想像中困難。

人際交往的第一步就是勇氣，希望你鼓起勇氣，訓練自己跟年長者打交道吧！

一開始就掏心掏肺，小心後悔莫及

「你得到了多少愛，等於你付出了少多愛。」（The love you take is equal to the love you make.）

這是披頭四歌曲〈The End〉的一句歌詞。沒錯，你付出多少，才會得到多少，愛是如此，友情、友善、善意也是如此。

這句歌詞是我最喜歡的一句話，但它也過度理想化，畢竟人生中無論我們給再多也得不到回報的事，實在不計其數。

幾年前某個朋友講了一句令我大為吃驚的話，他說還錢就像是賠錢，有種吃虧的感覺。從此之後我就刻意避開這個人，因為我自己也借錢給他人，就連我身為債主，別人準時還清我都還會不好意思，彷彿跟人伸手拿錢一樣，所以我實在無法理解這個朋友的心態。人的想法如此不同，又怎麼能期待付出多少就能拿回多少呢？

倒不如換個想法，我給別人一，不見得就能拿回一，有可能大於一，也有可能什麼都拿不回來。只要秉持這個原則，就能少一點失望、傷心或怨恨。此原則再進一步，就是更高層次的人際關係法則了。付出可以，但別心念著對方會不會回報你。回不回報操之在他，太在意只是徒增痛苦。

我的人際關係首要原則就是「盡人事、聽天命」，我做好自己該做的，剩下的就交給命運了。

人際關係不像數學，它很難找到公式去推算下一步，但是人們以為人際關係存在著祕訣，只要找出它，人生就能暢行無阻。

真正有用的人際關係法則，其實出自於專業設計的心理實驗結果，但一般人不太容易獲得這類資訊，反而容易在一堆無用的假資訊裡迷失，而錯過了真正有用的資訊。即使是大型書店也不例外，你很有可能被書架上琳瑯滿目的非專業叢書吸引，進而被坑了好幾百元。

就算你接觸的是正確資訊，通常實際執行起來也不容易，因此若非該領域專家或世界頂尖學者的研究結果，建議別輕信。

有同理心，講出來的話才動聽

在此介紹一個可信度還算高的人際關係法則：懂得施予的人，會比覬覦他人所有或斤斤計較的人更容易成功。但是這裡不是要你當凱子，被削光才後悔莫及，而是適當合宜的施予，懂得判斷該施予的對象、東西和程度。然而，難就難在這一點，我們絕不可能看幾頁書就懂得如何適當施予，因為它必須同時運用智慧、同理心和情緒智商等人際關係處理能力。

你必須先能察覺人際間的關係變化，並且具備高度的同理心，能站在對方的立場思考。同時，你還得擁有流暢、動人心弦、正向激勵的表達能力。

「施予」不是己所欲施予人，而是給予對方想要的東西。

了解「成功屬於懂得施予的人」這項法則，我們還不見得能馬上運用它，更不用說坊間既無科學統計又欠缺心理學支持的「人際關係祕訣」了。胡亂出招只會下場難堪，我相信你一定實際看過不少，也聽過不少這類的失敗經驗談。

舉個例子，你可能聽過「權威說服術」，假設有人這麼說：「之前《華盛頓郵報》不就有篇報導嗎？它說這是錯的。」

雖然這句話運用了書裡教的說服技巧，卻很有可能被認為是在顯擺學識，反而給人不好的印象。與其如此，倒不如這樣說：「雖然不太肯定，但我認為不是這樣。」

這樣講不但能說出自己想說的，還能在對方心中留下好印象。

假面示人，總有一天會露餡

當你說得正起勁，對方卻一臉無趣且蹺腳癱坐在你面前，你是否連講話的興致都沒了？

「早知道就別那麼興沖沖了。」是的，對方就算不直接說出口，我們也可以透過表情、姿態、語氣來推測他的內心活動，這就是所謂的非語言訊息。

觀察身邊語言能力強的人，他們一定有個共通點，即熟練的肢體語言、合宜的表情控制。千萬別說「這些我不會，我不屑」，因為少了合宜的非語言訊息，很容易帶給對方負面觀感。

「言行不一」從自古以來就是人們最反感的事情，說話和表情的不一致可說是現代版的言行不一。一個人嘴巴上說「我相信你」，表情卻非如此，他就有可能被認為是個口是心非的人。人之所以不受歡迎，真正的原因可能就出於此。

非語言訊息最基本要做到的是「適當的表情」，但一個平時面無表情的人突然間笑嘻嘻，只會讓人不自在，所以別刻意做表情，而是要練習讓自己經常保持正面情緒，這樣才能自然流露出好的表情。

人最不擅長的就是情緒能力，它又分成解讀對方表情的「情緒認知」及「情緒表達」。不妨從訓練情緒認知能力開始，因為在外界刺激過多和資訊爆炸的環境下，我們解讀對方表情、感應對方情緒的雷達，已經越來越遲鈍了，早已不如從前。

然而報導介紹的偏遠原始部落居民並非如此，他們不僅笑容滿面，對他人的表情也很敏銳，對方笑他就笑、對方做什麼動作就跟著做。這種行為稱為鏡射反應（mirroring），它是人類天生就具備的能力，例如你對小嬰兒笑，他會馬上對你笑。對原始部落的居民而言，周遭的表情和動作是他們最重要的外界刺激來源，因此他們對表情的敏銳度很高，甚至會模仿對方的表情。

如果我們任由自己的表情認知雷達繼續遲鈍，這項能力就會漸漸消失，最後變成了表情認知障礙，在年長的男性中不難見到這樣的例子。來測試一下自己的表情辨識力吧！在左圖中的括號內填入該圖片的表情類型，最後再對照下方的答案即可。

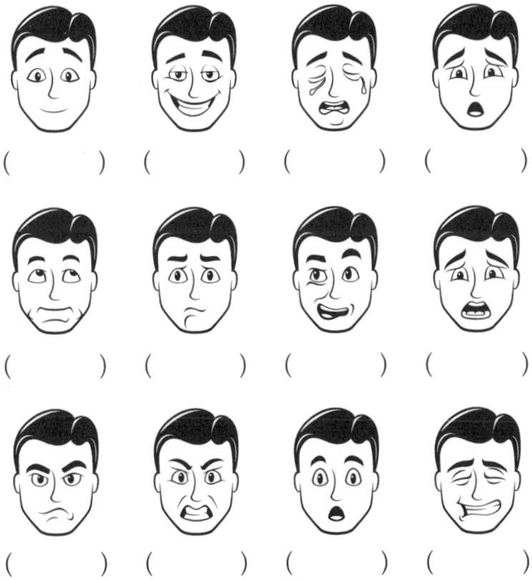

上排——滿足、喜悅、傷心、打擊

中排——擔憂、焦慮、害怕、震驚

下排——厭惡、憤怒、驚訝、憂鬱

透過表情，看穿對方的想法

知名的心理學家保羅・艾克曼（Paul Ekman）是影響罪犯側寫師一職誕生的關鍵人物，透過他的研究，發現人類表情多達上萬種，且不論種族都是共同的，也就是說表情是放諸四海皆通用的語言。

每一種表情都由特定的面部肌肉組合來完成，而且每一個人做出表情的方式都是一樣的。當然，因大腦損傷導致表情失控的情況則屬例外。

根據艾克曼的說法，人的笑容總共約有十八種，其中大部分是別有所圖的假笑，只有牽動眼輪匝肌（構成眼皮的肌肉）的「杜鄉的微笑」（Duchenne smile）[2]才是發自內心的真笑。

常露出杜鄉微笑的人，可說幾乎不是壞人。但是談戀愛的時候就得當心了，因為笑起來甜美或帥氣的人通常戀愛經驗也很豐富，很有可能是個花心大蘿蔔。

假笑

真笑

雖然有人說韓國人的表情已經比以前真誠許多，但我並不這麼認為。首先，韓國人仍然保有著亞洲人情感壓抑的特質，且為了在複雜的社會求生存，也相當習慣用假表情來隱藏自己真實的感受。前陣子有位電話客服從業人員

2 即真正的笑容，由於是以發現眼輪匝肌動作的研究者杜鄉（Duchenne de Boulogne）來命名，又稱為「杜鄉的微笑」。

來諮商，她有嚴重的憂鬱症卻很愛笑，原來是「微笑憂鬱症」。這個現象就是不斷告訴自己要笑，所以即便難過、生氣，也會不自覺地露出笑容。

再者，韓國人不像西方人五官立體，面部表情不夠明顯。此外，我們在重視升學的環境下長大，變得不關心他人的情緒，也不曾真正接觸過先進國家已經在重視的情感教育。總的來說，各方面的困難讓許多人不擅長透過表情來傳達情感，所以很多時間就算你的表情都寫在臉上了，對方依然未能察覺，我自己本身也不擅長觀察表情。

要解決這個問題沒有特別的方法，就是多觀察。嚴肅的辦公室僅遇得上寥寥幾種表情，所以一有時間就挑幾部不錯的影片，觀察演技精湛的演員是如何做表情。你也可以透過藝術欣賞，在舒適的狀態下讓自己的情感真實流露出來。

適時說出內心想法，別一直隱忍

允成辭去行銷公司的工作後，來找我做職業適性諮詢。做了幾項測驗、提出幾種合適的職業後，話題就談到了前職場。前公司主要業務是醫院行銷，雖然他的薪水不低，卻對工作不滿意，因為工作量大，同事之間的感情也不太融洽，正確地說，大家都忙到沒有時間顧別人。

「真沒想到世界上會有這種人，您說我們老闆是不是心理變態啊？」

整體分析允成的描述之後，我認為前老闆並不是心理變態。真正的心理變態大約占了全球人口的百分之一，且大部分已經被關進監牢或出沒於案件易發地區，因此現實生活中不會這麼容易遇上。然而，前老闆確實欠缺同理心和道德感，且似乎有過度完美主義、強迫症或憤怒調節障礙的心理問題。

前老闆畢業於某知名大學的理工系，非常擅長網頁製作，輕輕鬆鬆就拿下了幾間大醫院的案子，因此公司總有做不完的事、加不完的班。老闆不論上下班時間都在交辦工作，對員工猶如對待下人，十幾名員工天天活在他的嘮叨和怒罵之中，苦不堪言。允成在職的三年間，就有十幾個人離職。

其他員工覺得天下的老闆都是一個樣，選擇了隱忍。然而，正當大家痛不欲生時，來了一位金組長。資深的金組長工作能力與老闆不相上下，只花幾個星期就掌握了所有業務內容，並且向老闆爭取五個新職缺。允成一聽眼睛都亮了起來，這下人手不足的問題不就解決了嗎？

但是老闆知道後勃然大怒，徵一兩個人就算了，居然一次開五個職缺。不過員工們早就盼望已久，與其狂加班領加班費，大家寧願多幾個人手來分攤業務，因此紛紛對金組長表示支持。

老闆的立場則認為，科技業難免加班，而且這點業務量在業界不算什麼，只不過允成從公司屬於科技業這點就無法苟同。誰知道壞事找上門，老闆把資深的允成和另一名員工叫來，極盡勸誘威脅之能事，要他們帶頭反對金組長，並且說服他只開一兩個職缺就好。

為了這件事，允成已經被老闆叫去談話好幾次，天天都是種折磨，讓他更不想去上班了。

「如果這次好好幹，我說不定能讓你升組長，你好好考慮吧！」

經過多次的面談，允成更確信老闆是個小人，自己難道要追隨一個小人嗎？他決定堅定立場，積極輔佐金組長，並且努力提升員工之間的向心力，但最後依然無法如願徵人。後來，某次交易因為交期延遲，老闆和金組長當著所有員工面前互罵，最後金組長提出辭呈，事情也就暫時告一段落。

經過這件事之後，允成開始對職涯感到迷惘。他大學讀的是行銷，畢業後做了好幾年的業務，這一路走來他常常懷疑這份工作到底適不適合自己，剛好藉這次契機，他毫不留戀地提出了辭呈。

與我諮商的結果，允成其實很適合做行銷，他只是剛好遇到壞老闆而已。好在他在諮商期間已經找到新工作，進公司三個月左右，他興奮地告訴我說：「原來世界上真的有好老闆！」宛如進入新世界。另一方面，金組長也在差不多的時期創立了一間行銷公司，並且挖角了前公司的幾名員工過去。他也問過允成的合作意願，但允成婉拒了，因為他很喜歡現在的公司。

因爲工作受的傷，往往來自於「人」

我們賺錢是為了什麼？努力工作又是為了什麼？都是為了過得更好啊！所以請千萬記住，如果工作讓你過得不好、讓你受傷，不要遲疑，果斷做出決定吧！遇上這種狀況，通常問題都發生在「人」，這時候請果斷將這段錯誤的關係退貨處理。如果不打算離職，也要準備好心靈防護罩，不要讓自己受傷害。

避免別人對自己出言不遜的三個原則就是同理心、自我描述、尊重。批評聽起來不舒服，但請先試著理解並尊重，並且真實描述自己和對方的感受。請把左頁表格儲存在手機記事本裡，就可時時提醒自己。

然而善意的回應並非對每個人都行得通，**如果你耐住性子、好聲好氣地溝通三次都沒效，代表你不必再理會這個人，也不需要和他有任何瓜葛了。**這世上沒有百分之百的壞人，也沒有完美的人，每個人都介於一到一百之間，因此我們應該逐步改善自己的缺點、自我檢討並且雙方各退一步，同

惡毒的批評	卸下對方武裝的回話方式
我討厭你！ 你這白癡！ 敗類！	看來你對我有諸多不滿，我也知道自己不太會辦事，把事情搞砸了，我現在也很傷腦筋。你心情還好嗎？
你是個爛人	我知道你在生我的氣，我是為你著想才這麼做的，沒想到卻讓你生氣，對不起。你心情還好嗎？
自私自利！ 你只想到你自己	沒有錯，我沒有顧慮到你的心情，你當然會生我的氣了。你說我不對，其實我也很不好受。還有哪些事，是你覺得我沒有顧慮到你、只想到自己的呢？

摘自：大衛・伯恩斯（David D.Burns）的 *Feeling Good Together*

時還要互相尊重。要是你無論怎麼做，對方依舊不肯讓步和改進，那就毫不留情地離開吧！

如果有人說「我罵你笨是因為你真的笨」，這種想法完全錯誤。要知道，沒有人是永遠的笨蛋，人人都有可能察覺自身的愚昧並且不斷修正。

在此介紹兩種思維：固定型思維的人心想「對方沒救了」，這種思維模式會縮小人生格局、破壞人際關係；反之，成長型思維認為「我們的關係是可以改善的，你會變好，我也會變好」，這樣的想法可以幫助你打造幸福人生，擁有良好的人際關係。

當惡魔在你耳邊絮語，讓你產生攻擊對方的念頭時，請趕快告訴自己這句話：「他雖然有很多不對的地方，但只要我好好引導，他一定能比昨天更好。」

給自己的練習

如何平息突如其來的怒火？

❶ 生氣時，先默數十秒。

❷ 把注意力放在呼吸，並做幾次深呼吸，若能用「腹式呼吸」更好。

❸ 先忍住別生氣，等情緒稍微平息之後，再用平靜的語氣解釋生氣的原因。

❹ 把注意力轉移到其他事物上。

❺ 站在對方的立場想一想。

❻ 想像生氣可能造成的後果，對雙方和周遭沒有任何好處。

❼ 與其生氣，不如做釋放壓力的活動，例如去KTV唱歌、運動等，讓自己流汗。

❽ 反省自己「生氣是否為了制服他人，或是逃避狀況。」

❾ 對方是因為不夠成熟才惹你生氣。既然如此，何必跟他計較呢？

❿ 試著把情緒能量用在更有創造力、生產力的地方。

⓫ 學習並訓練自己中斷思考。

⓬ 找一些能讓你開懷大笑的事情。

⓭ 試著書寫，寫什麼都好。

Chapter

2

和扭曲、痛苦的關係說再見！

爲什麼我們容易被牽著鼻子走？

妍姝耳根子軟，常常被百貨公司推銷員的三寸不爛之舌說動而衝動購物，只要端出電視購物台常用的焦慮行銷話術，例如：「今年最後機會，要買要快！錯過只好坐等明年！」她一定會上鉤。

耳根子軟更為她的人際關係帶來負面影響。身為公務員的她被朋友慫恿加入了直銷，後來遭到懲處；她投保的保險也多到數不清，光是每個月的帳單費用就逼近生活費。這些妻子都是因為她太容易相信別人而捅出來的，這下也不難理解為什麼她的丈夫會對她失去信任、心生厭惡了。

其實，就算耳根子再軟的人，只要懂得自制的方法，就能避免許多錯誤的決定。後來妍姝給自己一個原則，那就是每當要做決定時，拒絕相信當下閃過的第一個念頭。她也努力練習「中斷思考法」，這是一種停止意念的心理技術，方法如下：

① 意識到正在支配自己的想法為何。
② 立即且果斷地對自己說「停止！」
③ 你也可以用橡皮筋輕彈自己。
④ 把念頭轉向另一件毫不相關且正面的想法上。
⑤ 在完全轉移注意力之前，專注在正面想法上。
⑥ 如果想不到其他事情，就想想平常喜歡的畫或影像。

這項訓練不容易，但妍姝經過多次練習後狀況改善很多，甚至也不像以前那麼愛發脾氣了。

「衝動性思考」和「理性思考」是大腦中兩種不同的運作機制，就像兩種不同的馬達，衝動性思考通常是闖禍的那一方，理性思考則負責收拾善後或踩剎車。

「自我合理化」屬於衝動性思考，以《伊索寓言》的故事為例，狐狸吃不到葡萄就自我合理化，說葡萄酸；理性思考則認為，葡萄一定很甜，但我個子矮摘不到，放棄吧！後者才是真正合乎情理，且能訓練自制力。

每當衝動的大腦在運作時，不妨練習理性思考，久而久之你就能成為更有自制力、做事更嚴謹的人，此時人際關係自然更順利。回想看看，我們之所以遠離一個人，大部分不都是因為對方脫口而出的衝動話語嗎？

人際關係中的魯蛇通常失言時毫無自覺，不知道自己的一句話已經造成傷害，更不明白對方為何躲著他，還不斷重蹈覆轍而不自知。

先別急著吃棉花糖

有個相當知名的實驗，只要小朋友等待十分鐘不把眼前的棉花糖拿來吃，就能獲得兩個棉花糖作為獎賞。長期追蹤受測者後發現，當初懂得等待的孩子比立刻拿糖吃的孩子過著更成功富足的人生。由此可見，自我控制力可說是心智力量中最有用的人生資產。只要啟動自制力，話在脫口而出之前，先修飾再說出來，相信你一定會有好人緣。

若常看新聞，你會以為這個世界上充斥著失去理智的人，這就是為什麼我常常勸人遠離電視新聞的緣故，**因為負面訊息接觸久了容易變得悲觀，甚至使自己的行為思考也變得越來越衝動。**

要知道，這個世界上不是只充斥著火爆分子，也不是只有被關監獄的總統，看看你的周遭，其實有很多自制力強、細心謹慎的人。常常親近這些人，你會發現令你抓狂的事情少了許多。

以下是建立人際關係原則的方法，包括：

①給得大方，且不執著能拿回多少。

②沒有一套法則能解決所有人際關係問題，只能靠敏銳觀察和見機行事，因此平時就要培養同理心並訓練說話技巧。

③多接觸有自制力的人，遠離缺乏意志力的人。

學會拒絕，你需要「刻意練習」

「智媛，看來企劃案得重寫了，都是老話重提沒新意。」

智媛心想，這可是我嘔心瀝血熬夜寫的企劃案，怎麼會這樣呢？

完美主義的她做事從不馬虎，案子幾乎不曾被退件，這件事讓她整個人洩了氣。然而，她忘了並非每件事靠努力就一定能獲得成果。

智媛感到一口氣悶在心裡，好像一顆沉重的石頭壓在胸口。其實只是一份企劃案被退件而已，她卻覺得自尊心受傷，別人都沒看見她有多努力。她心裡懷著對上司的不滿，對工作開始心不在焉，還刻意避開上司，不想看到他的臉。智媛無法接受批評、被拒絕，每次都會反覆這種模式。

像她這樣無法接受被拒絕的人其實很多，我自己十幾歲的時候也一樣，不但怕被人拒絕，也不懂如何拒絕別人。

我從事人際關係訓練的工作之後，更發現原來「拒絕敏感度」（rejection

sensitivity）高的人不在少數，且這些人很可能是天生個性使然，就像有人生性害羞，有人生來就膽子小。

拒絕敏感度高的人不善於說「不」，是因為他們害怕被討厭，認為拒絕別人的請託會導致關係破裂。同樣地，他們也非常害怕被拒絕，所以再怎麼需要也不會開口求助，一旦遭拒就會陷入憂鬱和負面思考的泥沼。因為時時有被拒絕的焦慮感，導致人際關係也遇到困難。

拒絕敏感度雖然跟個性有關，但過去的經驗也會有影響，尤其是兒時如果曾被父母不合理的拒絕或懲罰，拒絕敏感度可能會更高。「我只要一開口，媽媽就說不。」經常遭受不合理的拒絕，久而久之就會變得害怕被拒絕了。

別讓你的忍耐成習慣

智媛的問題不是一兩天造成的，很多時候我們被拒絕敏感度給蒙蔽，把別人的忠告當成對自己的否定，就連朋友無意間的一句批評也令人惱羞成怒，使得我們做出錯誤的判斷。因為害怕拒絕而使關係破裂的例子不少，甚至還有因此失去摯友的憾事，然而為了守護微不足道的自尊心，誰都不願道歉或主動修補關係。

此外，不懂得拒絕的人可能為組織帶來麻煩，例如明知道工作已經超出自己的能力，依然攬下來硬做，要請人幫忙也猶豫老半天，結果不但事情沒做好，也造成整個組織的損失。

智媛並不認為自己的問題嚴重到需要諮商的程度，但為了公司著想，她決定改善個性上的缺點。

經過一番努力，她學會如何分辨惡意和善意的批評，也知道哪些是真心的忠告，哪些只是刻意的貶低。她的拒絕敏感度降低許多，甚至還有所體悟地說：「只會講好話的人，對人生沒什麼幫助。」

智媛的練習方式如下：

① 練習對自己坦率，並表達真實感受。

② 試著坦率告訴對方，自己的感受和想法。

③ 記錄平時的情緒變化。

④ 對事情的結果抱持正面的態度。

⑤ 養成在對方指示或提出要求前，自動自發做事的習慣。

不要把一次的拒絕當作是對方在否定你，這個否定其實是對事不對人。

當然，如果對方每件事都跟你作對，就有必要懷疑他是否對你心懷不滿，此時請仔細推敲對方的心理，並且藉由「溝通」來解決問題的核心。

除了接納被拒絕，也要練習拒絕他人。只要理由正當就該拒絕，把拒絕當作一種訓練，刻意練習。拒絕對方的請求或提議並不代表惡意，很有可能對方跟你一樣，並不會把一次的拒絕放大解讀。

想拒絕就別忍耐，要是忍耐成了習慣，以後就更難拒絕別人，成為永遠的 Yes Man。

別害怕拒絕，對的事情勇敢發聲，錯的事情大膽拒絕。時時提醒自己永遠有拒絕的權利，才能不再因為拒絕而自責，並活出自己的人生。

試著寫下內心的擔憂及害怕，練習拒絕

我們必須學習接受自己的個性和心理狀態，不要自我貶低，也不要否定自己真實的樣貌。如果你的拒絕敏感度高，就大方接受這樣的自己，並且請親近的朋友幫忙，向他們坦承你的恐懼、不情願、壓力等感受。如果身邊沒有適合吐露心聲的對象，也可以透過書寫來抒發，寫下令你備感壓力的事、你所害怕的結果、你擔心別人有什麼反應，並且觀察你所想的是否合理。

我們面對事情容易過度擔憂和害怕，你可以訓練改變思考，試著想像當最壞的結果發生時，你會怎麼處理？試著把它寫下來吧！

害怕拒絕時，你可以這樣問自己：

● 要是對方拒絕我，我會有什麼感受？

● 對方拒絕我時，我該怎麼做？

● 當我被拒絕或必須拒絕他人時，我該怎麼表達？

一旦利用他人，自己也會被利用

希貞十幾歲時有一段淒慘的歲月，大學期間也因為精神狀況的問題多次休學，好不容易才畢業。從前的日子雖然坎坷，但她正視自己的心理問題也積極尋求治療，因此職場越換越好，幾年前順利進入了人人稱羨的公司。然而，她仍然擔心自己急躁焦慮的個性，因此想藉由閱讀相關書籍來克服心理問題，輾轉讀到了我的書，並決定找我諮商。

希貞的問題來自於她與父母的關係，高壓的教養方式使她變得非常焦慮，她到現在還是無法諒解他們。希貞工作能力很強，但人際關係一直是她的罩門，好在工作的成就至少能建立她的自信心，讓她更喜歡自己。

她剛來諮商的時候還沒什麼朋友，過去的經驗使她對人不抱期待，且一心追求成功更忽略了社交，比較要好的就只有兩個已婚的中學同學。

想要保持正向情緒，我建議她最實際的方法就是交朋友或談戀愛。她聽了我的忠告參加了幾個聚會，逐漸感受到人情的溫暖。她和同上瑜伽課並大自己兩歲的某位朋友相當要好，兩人還一起去旅行。隨著手機裡的聯絡人一個一個增加，她覺得工作與生活總算漸漸取得平衡了。

這個例子告訴我們，只有用真誠的心與人交往，才能有這樣的成果。

我們每個人的心裡都豢養著一頭名為情緒的猛獸，牠非常任性，你怎麼誘惑牠可能都不為所動，但只要牠一開心你攔都攔不住，所以並不是我們豢養牠，而是牠控制著我們。真正聰明的人其實是懂得馴服這頭猛獸的人。

但有件事要告誡大家，千萬別試圖玩弄他人的情感，以為逗弄對方心裡的猛獸就能輕易獲得想要的東西。

虛情假意的關係，無法長久

隨意操弄他人心理者往往如同交際達人，把他人的情感玩弄於股掌間，或許你一開始會羨慕這種人，他們到處學習過去幾十年在國內掀起流行的處世之道、人際關係理論、待人之術、心理操縱術，然後把這些技術胡亂運用在周遭的人身上。

然而，最近我就聽到許多慘痛的失敗例子，他們身邊的人因此逐漸離去，他成了所謂的「邊緣人」，這些人大多都還不到五十歲，身邊卻連一個可信任的朋友都沒有。

青年階段或就業階段是社交最頻繁的時期，他們卻意識不到自己的錯誤，直到年紀大退休後發現人際關係出了大問題，這才悔不當初。

千萬不要成為心理操縱者，因為虛假的關係不會長遠，沒有人喜歡被欺騙；真心雖然比較花時間，但唯有如此才會獲得真正的勝利。

到現在依然有人會打著人際關係專家的名號，藉由操縱他人的情感來獲取利益。每當我看到這些行徑，就不禁感嘆怎麼會有人傻到要去做對自己沒好處的事。他們可能一開始會嘗到不少甜頭，但終究註定會失敗。

未來，這些人會越來越快踢到鐵板，因為人們比以前更敏感了。在都市求生存，我們不得不與陌生人打交道，也經常需要揣測他人的心思，因此我們開始好奇他人的想法，也渴望了解與人相處之道。

就算與對方是商業往來的關係，也不該依賴那些心理伎倆，**其實商場上反而更需要真誠相待，對方不信任你，就很難獲得好成果。**

我們真正必須具備的是能理解對方感受的「同理心」，以及將對方的感受轉為正向的「純熟的心理能力」。

給自己的練習

如何建立真誠的關係？

❶ 與人相處，千萬不要把利益擺第一

好的感受才是成就事情的關鍵，以利益作為交友前提並不能助你成事。若你是因為利益接近對方，對方也會等同待之，最後兩人的關係便會落入囚徒困境的局面。

❷ 持續透過行動，建立信任

都市人缺乏互信，而且這個現象將越來越明顯，你對他人不抱期待，他人對你也一樣如此，所以唯一的方法就是不斷用行動來獲取信任。想要獲得對方的好感，就必須持續用言語、行動來表示你的可信賴度，並且讓對方認為你對他是出於善意的。

3 努力理解他人的想法與感受

要做到這一點必須下苦功學習，除了學習「人」，還必須去了解對方的來歷，所以我建議要花時間和對方聊一聊他的價值觀、興趣、嗜好，就算不直接對話，透過觀察一樣能獲得許多情報。有興趣可閱讀布萊恩・李托（Brian R. Little）所寫的《探索人格潛能，看見更真實的自己》。

4 笑口常開

前文提及的杜鄉的微笑是發自內心的真笑，無論和對方在工作場合還是私下見面，都要多一點笑容、同理心和關懷，這些都是連結彼此關係的橋梁。

5 負面溝通後要找機會正向溝通

假設會議中你強烈批評了同事，事後務必找機會挽回，因為人的感受很快就會定型，趁對方對你產生負面印象之前，必須趕緊行動，扭轉他的想法。

6 強化內在的正向能量

一個人如果充滿負面能量，有可能跟對方正向溝通嗎？就算有，也只能算是做做表面樣子。你必須先把自己調整成愉快平和的狀態，如果狀態不對，倒不如先避免和對方接觸。總之，我們必須做好情緒管理，讓正面情緒保持在一定的水準之上。

7 選擇適當的媒介

一起喝熱茶比喝冰水更容易對對方產生好感。即使是工作上的關係，也可以邀請對方一起去看場電影或爬山，藉此建立彼此的信賴感和好感。但要注意的是，選錯了媒介反而會造成反效果，例如請美式咖啡給愛喝拿鐵的人，便不容易獲得好印象。

8 適時放棄

無論你怎麼努力還是無法改善彼此的關係時，不如放棄吧！不是因為他不好，而是有時候不論怎麼樣就是合不來。

9 別提出令人為難的要求

關係破裂很多都是因為這個原因，這時候應該讓對方主動來幫你。如果你很常對人付出，他在你需要幫助時自然就會站出來。如果對方不願幫你，有可能是你哪裡做得不夠好，或是對方本來就不是會為你付出的人。

如何擊退身邊的善妒者？

珍雅換了一個薪水不錯、事情又不會太忙的工作，她本來相當滿意，可是卻有個困擾。原來自從珍雅進公司以後，原本備受歡迎的某員工無法接受自己失寵，便經常找她麻煩。珍雅外型亮眼，學生時期就經常被同學嫉妒，有許多不好的回憶。這次她也料想到，哪怕只是搶走那位同事一點點的光環，自己也一定會遇到麻煩。

剛好她當時沒男朋友，組內又恰巧有幾位單身漢，男同事們紛紛對她這個新人大獻殷勤，使得那位同事突然間被冷落，心中的嫉妒之火日漸延燒。那位同事不是把工作推給她，就是故意雞蛋裡挑骨頭，甚至不避諱地說她壞話、排擠她，並且在上司面前誣陷她。

最後，珍雅受不了被排擠和欺負而遞了辭呈。

「她都要結婚了，我受男同事歡迎，她用得著嫉妒嗎？」

然而，異性之間的爭風吃醋是一種自然發生的情緒，也是非常強烈的本能，很難去壓抑或找其他出口釋放，因此很多人是透過直接表現出來，才會覺得出了一口氣。

和善妒者相處，要記得的八件事

人類進化的過程也包含了嫉妒，祖先為了守住伴侶、保證後代能受到伴侶的照顧，必須隨時隨地監視競爭者的一舉一動，並且把他們趕跑。可見嫉妒攸關著生存和後代繁衍，也是人類得以延續的力量。

遇到善妒者，頂多拒絕往來就沒事了，但要是在職場上碰到可就麻煩了，職場上最怕的就是嫉妒心重的同事。

能夠進到好公司，想必大家都是過關斬將進來的，很可能嫉妒心都很強烈，只是沒有表現出來而已。因此當你發現隔壁同事其實是個善妒的人，**自保的方式就是謹言慎行，沒必要去刺激對方的好勝心或嫉妒心。**要是職場上真的碰到這樣的人，請記住以下幾件事：

① 保持冷靜

被對方的嫉妒心激怒而硬碰硬，可能招致一發不可收拾的後果。應該要保持平常心，訓練自己喜怒不形於色。

② 當對方說了令你不開心的話時，請懂得照顧好自己

不要漠視自己的負面情緒，而是要把情緒發洩出來，例如買蛋糕送給自己或找朋友吐苦水。不要在刀光劍影的職場江湖上敗北，要好好疼愛自己，帶著盟友平時給你的支持力量，每天都要勇往直前。

③ 善妒者隨時都有可能攻擊你

被出其不意襲擊時，情緒激動、亂了手腳、心情憂鬱都只是讓自己吃虧，平時要訓練自己無論受到任何刺激都不被激怒，聽到難聽的話也盡量忍耐。你當然會生氣，但氣不過的人註定會受傷。本書提供了幾個方法，讓你不被情緒牽著鼻子走，並且學會保護自己（見頁一五六）。

④ 可憐善妒者

通常嫉妒心是因為極度缺乏愛而引起的，所以從某方面來看，這些人其實是不幸的。但不必同情到還要請吃飯、送禮物的地步，只要感嘆地說：「真可憐。」如此一來，你強烈的情緒就能被軟化。

⑤ 必要時指出善妒者的錯誤

這點要特別謹慎，因為對方有可能認為你在攻擊他而懷恨在心，所以批評的時候必須仔細說明事情的來龍去脈、具體指出對方的錯誤才行。當然，到頭來可能是對牛彈琴，畢竟嫉妒會使人失去理智，但是沒有適當的批評只會拖累整個群體，所以有其必要時，請勇敢且慎重地提出吧！

⑥ 在善妒者面前保持低調

新買的包包也有可能成為妒火的導火線，因此在善妒者面前要盡量低調為上策。你可能會覺得很委屈，不過職場上這種事非常多，就好比明明能避開路上的狗屎，但你嫌麻煩不看路，就很有可能踩到它。這是職場之道，也是人生之道。

⑦忍無可忍時，就發出強烈警告吧！

先不考慮效果如何，忍無可忍時即有必要警告對方不得再放肆。他說不定是欺善怕惡之人，你一講就立刻見效。

⑧接受善妒者的個性，並訓練自己掌握狀況的能力

不需動怒，也不需同情，告訴自己「這就是他的個性，沒辦法，他就是愛嫉妒」，這樣想會讓自己心裡好過些。

面對欠缺同理心的人，該怎麼辦？

俊基從名校畢業後順利找到好工作，才高興不到幾天，沒想到進了公司後，身為上司的洪組長成天找他麻煩，讓他日日坐立難安。他不知道為什麼洪組長要針對他，如果自己像另一位脾氣暴躁到離婚的同事也就算了，至少那位同事知道自己脾氣差，每當他發飆時，大家就知道要忍著點，但洪組長不同，他不生氣，卻總是講一些沒道理的話，像是：「你又沒有女朋友，星期天能去哪裡玩？來加班吧！我也會來加班，怎麼樣？公平吧？跟我一起趕工沒做完的工作。」

洪組長還常常在深夜或凌晨用通訊軟體交代工作，或者要下屬幫他辦私事。他欠缺同理心也不懂得換位思考，然而公司高層卻非常信任他，認為他很會做事，俊基因此更憤恨不平了。

「那樣就叫做會做事？而且居然還有人願意嫁給他！跟這種心理變態工

作，我都快瘋了，更何況他老婆還要跟他朝夕相處！」

俊基進公司前還好好的，現在已經到了瀕臨憂鬱症的地步。他懷疑問題是不是出於自己的個性太濫好人，於是決定接受諮商和檢測，才發現自己的狀態已經在憂鬱症邊緣。

所謂的心理變態是一種精神疾患，患者對他人的痛苦或憂愁毫無同理心，所以又被稱為「零同理心」（zero degrees of empathy）。成功人士中有較高的比例存在，根據英國某項調查指出，心理變態約占人口的一%，但大企業CEO中的患者卻高達三．五%，足足高了三．五倍。

洪組長雖然不是心理變態，但他確實缺乏同理心。於是我請俊基做自我表達訓練，不要在意別人怎麼看，只要盡可能表達出自己的感受與想法就好。大約過了一個月左右，他終於能對洪組長做出反擊。

某天，俊基的企劃案在公司會議上大獲好評，會後洪組長又開始節外生枝。「我說，你的消費趨勢分析的相關資料，好像不太可靠啊！」洪組長如此詢問。

俊基早已有備而來，他一本正經地說：「大家都說好，似乎只有您不認同。若您真的認為不可靠，不如您自己來做做看吧？」

他總算出了一口氣，痛快得不得了，恨不得把洪組長當時的表情拍下來給我看。當晚難得一夜好眠，從那次之後他還做了幾次刻意的回擊。

善良有底限，偶爾也該適時回擊

面對欠缺同理心的人，我們必須更強烈地表達自己的感受讓他們接收。

即使他們不一定能理解，但至少接收到了，就能提醒自己不要再犯。

過不了多久，小心眼的洪組長像換個人似的性情大變，開始對俊基察言觀色，不過出一張嘴的個性還是老樣子。

職場上有時候會因為被缺乏同理心的人出言不遜而受傷，這些人不懂得理解對方的感受，也欠缺換位思考的能力，讓周遭的人特別累。但是，通常他們並沒有惡意。

「這件事這麼簡單，隨便做不就好了？」你可以觀察他們的表達方式，他們說出這種話卻不覺得怎麼樣，因為他們沒有考慮到別人的心情。

其實心理變態並非一點同情心都沒有，只是要他們啟動同理心是一件很費力費神的事情，就像對名畫沒興趣也沒天分的人，你要他花幾小時去看畫，他絕對叫苦連天。如果不是嚴重到要治療的心理變態，那些使我們痛苦的上司、同事、下屬通常都有同理心，只是需要你稍微大力刺激他們的「共感腦」而已。

為了保護自己，要懂得踩煞車，你可以這麼說：

「組長，您這樣說，讓身爲下屬的我覺得很委屈。」

「課長，你說的很有道理，但也要顧及別人的心情。」

「主任，就算他是新人，也不該這麼嚴厲教訓他。」

不用擔心說話太直，因為他們受到的打擊比你想像的還小。

總而言之，你一點一點累積的勇氣，將能發揮改善彼此相處方式的力量，讓對方變得更善解人意。

沒有任何關係，值得你受傷

到哪裡都會遇到壞人，有天生壞心腸的、心術不正的、缺乏同理心傷人而不自知的……最壞的就是對所有人都好，卻唯獨對你不好的。如果只是私交，最好盡快遠離這個人，因為除了心理治療師之外，沒人能改變這樣的個性。若真能改，他們的父母或另一半早就做到了。

比較有問題的是職場上的交情，這個時候可以採取俊基的做法，鼓起勇氣表達自己的看法，為自己建立一座堅固的防護罩。不要放棄告訴對方你的不滿和心情，你不需要太過委屈自己，因為他一定聽過其他人這樣說，所以你的直言不諱頂多只會讓他覺得「以後我要更謹言慎行」而已。就算他對你懷恨在心，你們之間也不會演變成最壞的局面。

要在複雜的人際關係中找到平衡點、保護自己不受傷害，就要懂得在壞人阻撓你時，鼓起勇氣站出來捍衛自己。逃不了的時候就去面對它，就算最後你只能憤恨不平地離去，在該對抗時就該去試看看。人生在世很多事情說不準，說不定會出現如同李舜臣將軍帶領的鳴梁海戰[1]般地逆轉勝。

重點是，你要保護好自己的心，如果心受傷了，連帶影響工作、愛情、關係，最吃虧的就是自己。**因此，在險惡的人際關係世界裡，最優先要考量的就是「別讓自己受傷」。**

1 是指朝鮮王朝的李舜臣將軍於西元一五九七年十月二十六日，與日本豐臣政權在朝鮮半島鳴梁海峽的一場海戰。李舜臣將軍利用鳴梁海峽的特殊地理特徵，在此以十二艘板屋船擊退日本的三百三十餘艘船，並創下世界海戰史上的奇蹟。

放掉假關係，經營真關係

基於許多原因，最近我才把2G手機換成了智慧型手機。自從換手機之後，我盯著手機的時間越來越長，就像孩子第一次吃到糖果就愛上了甜甜的滋味般，我也很難離開手機了。現在有許多成癮現象是源自於現代人才有的心理狀態，例如智慧型手機問世還不到二十年，就能造成手不離機的低頭族現象，想想實在是不可思議。

你也是低頭族嗎？如果你一天使用手機超過兩小時，有可能已經是手機依賴或手機成癮了。英國出現了一個新單字「無手機恐慌症」（Nomophobia），是由「無」（No）、「手機」（mobilephone）、「恐慌」（phobia）組合而成，症狀是只要一離開手機或忘記帶出門，便會感到焦慮甚至陷入恐慌狀態。照目前來看，全世界的無手機恐慌症者大概超過幾千萬人了。

年近三十的賢珍就患有無手機恐慌症，幾年來她頻頻換工作，也變得越來越依賴手機。離職後失業在家，條件不錯的她明明不難找到好工作，卻因為手機成癮而遲遲未能振作，好好求職。

賢珍是一名設計師，前一份工作可謂血汗工廠，主管視員工為操不累的機器。而週末她還另外接案，日子一刻都不得休息，三百六十五天都黏在電腦前。原本以為設計師這個職業能發揮藝術才華，但現在卻越做越覺得是爆肝工作。

然而在諮商的過程中，才發現她的忙碌其實另有原因。原來她時不時就拿起手機購物或看漫畫，尤其網路漫畫是她生活的一大樂趣，美術系出身又曾夢想成為漫畫家的她，比一般人看得更投入，花的時間也特別長。

問題是她不只看漫畫，還將許多時間花在追連續劇、影劇消息、網路購物上，導致她總是得熬夜趕工。此外，她整天都離不開通訊軟體，上班忙著跟朋友談論主管和同事的壞話，不知不覺就過了好幾個小時。對她而言，沒有什麼比上班時間講同事閒話更刺激有趣的事了。

網路購物方面，因為朋友之間不常見面，因此她常常上網買禮物送給對方，在朋友圈子裡很受歡迎。這些事情加起來，一天二十四小時都不夠用，更別說有時間工作了。離職之前，她因為頻繁的加班熬夜而養成吃宵夜的習慣，在短短幾個月內體重暴增十五公斤，變胖使她變得不想見人，就算朋友介紹異性對象也遲遲不見。

此外，愛挑剔的上司常常罵她不會做事，每當努力設計的稿子被要求整份重做，她就陷入深深的挫折感。原本一個普通，甚至是善良溫和的女孩，最後也忍不住爆發，和上司大吵一架，髒話都飆出口。之後，她便遞出辭呈走人。

賢珍根本的問題並不在於沉迷網路漫畫，而是網路成癮阻斷了出門與他人共創快樂時光的欲望。她已經一個月沒和好朋友見面了，交往三年的男朋友也跟她分手了，如今她的生活等於與人類最原始的人際互動欲望完全隔離。

她一開始來找我時，除了手機成癮之外，還有嚴重的食物成癮。藉由上網和暴飲暴食來發洩無法和朋友見面、和上司處不好的負面情緒。我指導她認識自己的情緒，並且要她練習表達自我主張。諮商期間，她順利找到了新工作。原本對上司唯命是從，現在她則會學著表達自我，努力與人溝通。她變了，而且也漸漸不被手機綁架。

越沉迷，代表內心越空虛

女性的同理心能力比男性高出一五%，因為掌管同理心的腦細胞比男性多出了一五%，也因此女性比較容易沉迷於社交網站。

人類很容易對某些事情成癮，**成癮的原因又來自於內心的匱乏**。每個人都有想要、渴望的東西，當欲望未能被滿足時，我們就會去尋找成癮的對象來填補它。我們要以正當的方法滿足正當的欲望，而面對不正當的欲望時，則要用其他正當的替代方式來解決。例如，我們可以藉由打羽球或路跑等運動來滿足好勝心，而不是流連於賭博網站。

沉迷社交網站表示人際關係需求亮起了紅燈。首先，讓我們先來了解自己對社交網站的依賴度。下方是來談者常做的成癮檢測清單，「它」代表了你現在極度依賴的物品或行為，把「它」替換成「社交網站」，就能檢測你對社交網站的成癮程度。

①經常因為「它」，時間一眨眼就過去了。
②腦中總是想著「它」。
③需要花越來越長的時間在「它」身上，才能獲得相同的滿足。
④覺得花在「它」身上的時間越來越不夠用。
⑤投入更多時間在「它」身上。
⑥曾經想要改，但從事「它」的時候就是改不了。
⑦心想著不能這樣，卻還是繼續做「它」。
⑧沒有「它」會覺得焦躁不安、易怒。
⑨「它」讓我的生活出現問題。
⑩很受不了自己一直想去做「它」。

以上事項若符合三項以上，表示你已經對「它」產生依賴，五項則可能有成癮現象，七項以上表示已經成癮。然而，就算只符合一兩項也不可掉以輕心，平時就要留意到底是自己有意識地使用社交網站，還是反而被社交網站給綁架了。

社交網站成癮問題弊大於利，它會大量消耗我們寶貴的精神和時間，倒不如把這些時間拿去跟朋友聚會。**社交網站給我們的滿足感通常是虛假的**，你以為自己跟對方維持著良好互動，但對方不見得這麼認為。在網路上發布大量文章、照片、貼圖，還比不上你跟對方實際見面一個小時，光是一個小時就能產生上千個表情、肢體動作、情緒、語言的互動交流。

再說，你的生活怎麼比得上大明星緋聞來得吸睛呢？為了博取關注，你又得投入更多的時間，到頭來只會是惡性循環。因此，我們應該放掉虛假的關係，認真經營真正的關係才對。

給自己的練習

拒絕成癮的八個方法

❶ 仔細記錄一天內做了多少令你沉迷的事物或行為

建議以日記形式書寫為佳。

❷ 多從事其他一樣能帶給你快樂的事物

例如閱讀、聽音樂、享受美食、書寫、見朋友……，就能減少花在沉迷事物上的時間。

❸ 忍耐不去從事成癮行為

就算失敗或成效不彰也不用氣餒，堅持下去。

❹ **多做有益身心的活動**

例如接近大自然、照顧寵物、烹飪，這些活動將有助於提升自制力。閒暇時，不妨撥空計畫一天或一週的行程。

❺ **向周遭親友傾訴成癮困擾**

不妨尋求他們的協助，也可以跟他們去看場電影、小聚閒聊等。

❻ **試著書寫**

書寫是擺脫成癮最好的方法，不妨以觀察者的角度檢視自己的欲望。

7 參考與沉迷對象相關且可信賴的書籍

如果你有食物成癮症，可參考心理學家蘇珊・亞伯斯（Susan Albers）所寫的《不靠食物安撫情緒的五十種方法》（*50 Ways to Soothe Yourself Without Food*）。此外，社交網站成癮雖是近年才出現的現象，但國內已有不少專書或專家文章能參考，可依需求尋找。

8 參加讀書會

我二十幾歲時曾同時加入五、六個讀書會，個性害羞的我鮮少發言，但讀書會確實提升了我的人際關係能力，且透過別人的心得分享能獲得許多收穫，這是我目前為止最難忘的體驗之一。

感同身受，是最好的說服

政民不久前和同事為了時事而展開舌戰，最後爭不贏別人，只好回家生悶氣，還氣到久久無法入眠。事實上，他從國中就發現自己講話欠缺說服力，為了提升辯才，他還打算去上口才訓練班。

最近越來越多像政民這樣的例子。有人會說，爭輸了有什麼大不了，讓對方一步也不會少一塊肉；但是，現在是一個說服對方才能生存的競爭社會，必須讓對方接受我們的想法和企劃、買單我們的產品，才有機會存活下來。因此大家都變成了「遊說者」，相對地也更不容易被打動。

想知道怎麼提升口才，我會推薦丹尼爾・品克（Daniel H. Pink）所寫的《未來在等待的銷售人才》（*To Sell Is Human*）。根據品克的說法，銷售是非常高階的說服，要提升銷售必須掌握三件事——調頻、浮力和釐清（Attunement, Buoyancy, and Clarity）。

先從浮力談起，被顧客拒絕對銷售業來說是家常便飯，所以想要做出成績就必須像不倒翁一樣，被拒絕了還能馬上站起來，即恢復的能力。拒絕敏感度高的人必須充分認識自己，並練習接受他人的拒絕。釐清則指的是確實掌握目前的情勢、產品的特色，以及對方的需求。這項能力非常重要，就算要補習也一定得學會它。

我對品克提出的第一項要素「調頻」特別感興趣，且在推薦這本書時也再三叮嚀對方要仔細看這一段。事實上，只要能獲得對方認同，你就勝券在握了。調頻不代表你要盲目附和對方，它更好的解釋是「適應」，我對政民則是說「察言觀色」。品克所說的調頻，就是配合對方的想法而巧妙變化自己的行為動作和見解，懂得因應情勢聰明地調整自己。

想要說動對方，必須先了解並接受對方的想法，再找機會提出具有說服力、令人印象深刻的新資訊或見解。有時候，你還必須模仿對方。品克認為銷售員必須把自己當作一隻能隨環境改變的變色龍。

透過實驗發現，模仿對方的語氣或動作時，較有可能建立更好的關係並且更具說服力。這種效果又被稱為「變色龍效果」。

先有同理心，情緒才能交流

我建議政民模仿電視裡的人說話和做動作，等他熟練了之後再運用到真實的人際關係上。一開始必須費盡心思刻意模仿對方的口吻和動作，但過不了多久他就上手了。

當同事說：「剛出外勤回來，累死我了。」他已經可以自然而然露出疲倦的表情說：「你一定累壞了吧？」

模仿對方的動作可以令人感到「我說的話被聽見了」、「有人站在我這邊」，因此對你產生親近感，也就更容易接受你的想法。

調頻的核心重點和第一步皆在於「同理心」。首先你必須用心傾聽對方說的話，但傾聽不僅止於清楚記下對方所說的內容，或是理解對方的感受而已，更重要的是掌握對方傳遞出來的情緒訊息之後，快速讓對方知道你已感同身受。也就是說，用言語、表情或動作持續讓對方知道「我很在乎你的感受」，就算你不擅長，也要持續練習向對方傳遞這樣的訊息。

例如，有人說：「好累啊，大概是昨天加班加太晚了。」別冷冰冰地問：「是在忙上半年的專案企劃書嗎？」而是應該露出同情的表情說：「看你一夕之間臉色變得好蒼白，真是辛苦了，今天早點下班休息吧！」

說服他人的關鍵在於情緒交流，尤其是正向的情緒交流最為重要。在情緒尚未互動前，很難打動他人。

舉了許多類似的例子之後，我詢問政民與同事的相處狀況，他坦承某一位同事特別愛跟他唱反調，他不懂為什麼要針對他，為此都快得偏頭痛了。就我的分析，那位同事可能看不慣政民的某些地方，而這種負面情緒讓他老愛找政民的碴，就算沒什麼大不了的事也忍不住雞蛋裡挑骨頭。

於是，政民找機會和那位同事私下一聊，才知道原來同事對他抱持諸多不滿，因為他以前遲交答應同事的資料，害同事好幾次為他背黑鍋。幾杯黃湯下肚，兩人之間的心結也稍稍解開了。從那天之後，政民持續釋出和好的訊息，講話也帶著正面情緒。

有互動，才能說服對方

某一天，他們又因為時事而開始爭論，主題是最近議論紛紛的「彭斯守則」（Pence Rule）[2]。

政民認為，兩性都應該學習提升自己欠缺的角色能力，而不是排擠女性。他還補充，韓國太過注重升學而忽略了人際關係，缺乏兩性互動經驗才是真正的問題，因此應該從現在開始改變，好好學習如何與異性共處。

然而，課長和另外兩名男員工從頭到尾都堅持彭斯原則，使得爭辯一直延續到下班後的聚餐場合，簡直像在上演辯論。恰巧政民心儀的女同事也在聚會現場，因此他更不能輸了這場辯論賽。女同事站在政民那一方，有了友軍助攻，如獲千軍萬馬，果然一瀉千里，獲得最終勝利。

根據進化心理學，男性特別喜歡在女性面前高談闊論，因為向異性炫耀自己的口才是人類的本能。從某個角度來看，人類之所以辯論，可能出自於想展現魅力的本能也不一定。這也是為什麼男性在女性聽眾面前辯贏對手，臉上會顯露猶如拿破崙凱旋歸來的得意模樣了。

總而言之，因為跟同事的關係變好了，政民才能順利說服其他持相反意見的人。因為有了情緒交流，才能說動對方，而且是輕而易舉地說服三個人。

2 這項守則源於一九四八年，是佈道家葛培理（Billy Graham）為避免被懷疑，因此拒絕與妻子以外的女性單獨見面。在二〇一七年 #MeToo 運動興起後，美國副總統彭斯也採用此項守則，更表示不參加沒有妻子陪同的聚會。

Chapter 3

開始重整關係，留下對的人！

你在關係中是魯蛇？還是達人？

應該很多人都有票選過人氣王的經驗吧？投票是一個了解團體關係狀態的好方法，但只投給一個人時看不出來，要投兩三個人才能顯現出全貌。

例如，詢問每個人在組織中與誰較要好，再將回答繪製成關係圖。

這個方法在心理學稱作「社交關係圖」（sociogram），可有效掌握團體成員的親疏關係。首先組成小組，讓大家彼此熟悉幾個月後進行測試，就可以清楚看出團體成員彼此的關係（如下圖）。

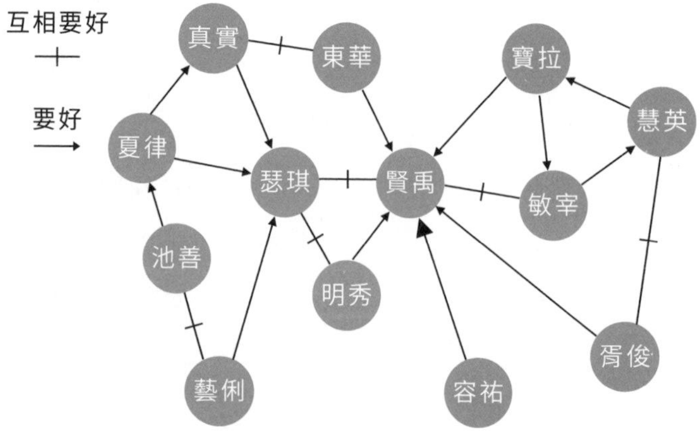

從這張圖可發現，容祐似乎被排擠了，因為沒有人選擇他。假設換成是我，我看到這張圖應該會嚇得直冒冷汗。也許很多人會立刻為他貼上「欠缺社交能力」的標籤，然而事實上他的處境背後可能隱藏更多原因。我見過許多像容祐這樣的人，他們人際關係碰壁的原因比想像中還複雜。

有可能是個性使然，例如天生內向、不易與人親近、心思過於細膩，導致人際關係不順遂。成長過程中未能有成熟的社會性發展，也會影響人際關係，且社會經驗不足通常是最主要的原因。

團體中有男有女，會讓原因更加複雜。兩性不懂彼此的心理，關係就容易出現一道牆。許多男性因為從小只和男生玩，欠缺與女性溝通的經驗，導致日後不懂得如何和異性相處，這樣的例子出乎意料的特別多。

此外，也有人因為從前的創傷而無法與人群親近，例如與父母缺乏良性溝通、小時候曾經有過被排擠的悲慘經驗，這些都可能造成日後人際關係不良；悲觀傾向的人因為對人際關係也抱持悲觀看法，認為「交朋友有什麼好？」因此也難以獲得他人的好感。

缺乏同理心也是影響人際關係的原因之一。**缺乏同理心的人容易成為被孤立的對象**，即使工作上不得不有所往來，但在私底下則不會想繼續和他保持關係。

再回頭看這張關係圖。反觀瑟琪和賢禹，他們獲得了多數人的好感，也就是所謂的人氣王。或許有人不羡慕人氣王，覺得太受歡迎只會招來更多麻煩，但是一般人的心裡其實都渴望被肯定和關注，這是人之常情。

再來看池善和藝俐，各自人氣不高但彼此互有好感，這樣的關係也還不賴。在團體中就算只跟一個人親密，團體生活還不至於遭遇困難。有些人認為這樣才是最適當的關係。

事實上，你所接觸的每個圈子，其社交關係圖都不斷在改變，隨時都在重組、瓦解又再重組。例如參加歡樂的派對，它的社交關係圖就變得很快；也有些關係像國小同學會一樣，幾乎沒有太大的變化。

公開社交關係圖很可能傷害個人自尊，而且有侵犯人權或被貼標籤的疑慮，因此鮮少公開調查或公布結果，也就不容易得知自己所屬團體的關係狀態。我們頂多憑感覺大概知道池善和藝俐很要好、容祐被排擠、瑟琪和賢禹很受歡迎等情報。

但是，我們也不要貿然為關係下結論，因為人心深不可測，你能肯定對方是真心喜歡自己，還是只是在利用你嗎？就算對方假裝喜歡你，你也很難知道他為什麼這麼做。還記得有多少次事後發現對方虛情假意，才捶胸頓足的經驗嗎？

人在關係中成長，我們很難與世隔絕，每個人於公於私至少都會隸屬於五、六個團體。有些人是關係達人，不論在哪個圈子都受歡迎；但也有些人是關係魯蛇，除了家人和同學之外，其他的關係都不順遂。很抱歉我必須這麼說：「千萬別當關係魯蛇！」

關係可以彌補，社交力則可培養

相信一定有努力想營造良好人際關係，卻總是事與願違的人；也一定有打從心底不認同人際關係的重要性，而巴不得跟周遭保持距離的人。

關係不順遂，背後原因百百種，不過在韓國則不可輕忽後天的影響。對先進國家而言，社會性是一項很重要的能力；但是在韓國，升學比它重要好幾倍。學生時期本來是發展社會性的絕佳時機，但是很多人都把它花在解題上，而錯過了好好交朋友的機會，導致很多人擅長解決數學問題，卻不知道怎麼解決人際問題。「不通社會」（即關係之間溝通不良、受阻的社會）這個詞的出現不是沒有道理。

然而，我們不必因此過度沮喪，也不需自責，因為社交能力是可以靠努力而培養的。能力不足就把它補足，讓它更熟練就好，所以你現在應該做的是多花時間和精神在人際關係上。

不過我得再三叮嚀，人際關係能力並不是用來欺騙對方、謀取利益的，抱持這個想法反而會為關係帶來不幸。真正的人際關係能力是能夠透過良善的溝通調節彼此的摩擦，並建立正面的情感交流。它不是隨隨便便的處世學或待人接物技巧，而是能成熟管理以及表達情緒的能力。

動手整理關係，只留下對的人

想要成為關係達人，就必須培養關係情緒能力。為什麼硬要在關係能力之間加上「情緒」二字呢？因為情緒在溝通過程中扮演極為重要的角色。以下是培養關係情緒能力必須注意的事項。

首先，請你仔細檢視自己所處的人際關係。雖然有些關係容易修復，但也有些關係已經再也回不來。我相信一定也有人需要脫離原有關係，去建立一個完全新的關係。關係情緒能力不是取之不盡、用之不竭的，它當然也有極限，所以選擇你要投入這項能力的關係之後，並決定自己要投入多少心力。也就是說，你必須決定哪些人要牽手走下去？哪些人要放手說再見？

接下來，測試自己的關係情緒能力有多少？想知道自己的能力指數，可以參考金柱煥教授所寫的《復原力》，除了關係能力之外，還能檢測自己的心理肌力（編按：《復原力》一書並未在台出版，但讀者可參考國內其他講述「復原力」（resilience）或心理肌力等正向心理學書籍，一樣可了解自己是否具備相關能力）。

關係情緒能力可以透過鍛鍊來培養，先決定練習對象，接下來每天堅持投入一個小時練習。練習時務必檢討成效，仔細觀察自己付出了什麼樣的努力、關係又是如何改善。

關係也要斷捨離，只留下想深交的人

在人際關係中，有些情緒是有益的，例如愛、希望、同情；有些情緒則是有害的，像是嫉妒、憤怒。雖然知道負面情緒會影響人際關係，但我們總不可能永遠維持正面情緒。

假設有一個人品行惡劣，好巧不巧他就在你身邊，你不得不和他相處，難道還得對他心懷好意嗎？難道必須壓抑自己的憤怒、厭惡、嫌棄的感受，偽裝自己與其相處嗎？

我們的確不該把時間跟精力浪費在討厭的人身上，但也不能任由惡人為所欲為。一條泥鰍就可以讓河水瞬間混濁，所以絕不能放鬆警戒心，得盡速把牠捉起來關進魚缸。就算你沒辦法完全跟這個人斷絕往來，也不要輕易放棄，應持續努力保護自己與其他成員。

萬一這個人就是你的上司怎麼辦？以目前來說，「離開」是最符合現實面的考量，這也是為什麼現在的離職率這麼高了。

然而，還是有方法可以幫你。

如果你不得不面對這個人，那麼你可以採取不理會、不在乎的防守姿態，不要讓他滲透你的私人關係，這也是保護自己情緒不受影響的最後一座堡壘。用心對待你必須在意的人，對於不該在乎的人，則盡可能保持距離，避免產生摩擦。但要小心別讓對方發現你刻意不理不睬，否則可能引起新的糾紛。對方有可能早就不想跟你往來，但也有可能因為你的不理睬而產生更大的敵意。

比不理睬、不在乎，更輕鬆又有效的方法就是「偏心」。**與其想方設法不去在意討厭的人，還不如多見見自己喜歡的人。**斷念是理性的，偏心卻是間接感性的。這就好比你的孩子和陌生人同時遇到危險，你一定會先救自己的骨肉。公司裡要是有你想對他好的人，就算只有一個也沒關係，盡情對他偏心吧！雖然人們認為世界應該公平，但事實上並非事事都得公平。

選擇關係後，要用心經營

一名三十多歲的女性和我諮商很長一段時間，她的父親是老師，為求公平，父親刻意對她與其他學生一視同仁。但事實上，他殷勤地照顧學生，卻唯獨忽略自己的女兒，常常因為工作忙碌而撥不出時間和她相處。因此她的成長過程中總是被否定和拒絕，這些經驗成了心中久久無法平撫的創傷。

「選擇和聚焦」在人際關係中非常重要，我們心目中重要的人通常不超過十個，如果再加上家人，自然出現重要程度之分。

我常把下方這張圖拿給來談者看，樓層越高代表關係越重要。

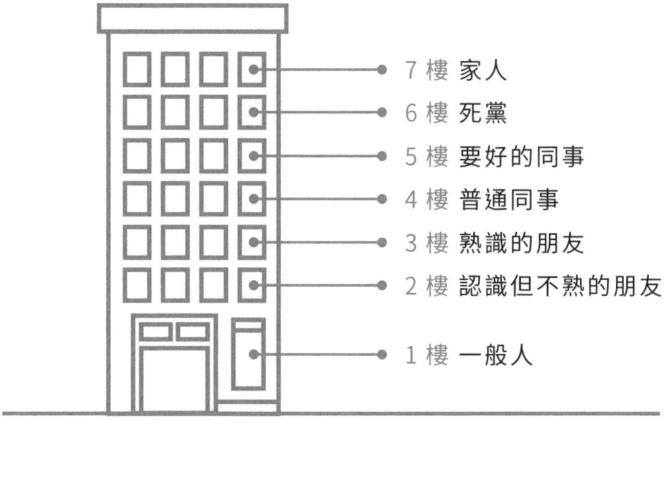

畫這張關係圖時，最難的地方就是不知道該怎麼處理「經常來往但討厭的人」，這些人有可能是家人，也可能是辦公室裡的同事。後頁的內容中（見頁一三〇）我將會仔細教大家，如何不去在意這些人。你可以選擇各樓層該放置哪些人，當然不同樓層的對待方式一定會不同。這裡要注意的是，婚姻不一定代表人際關係的圓滿，婚姻只是人生的眾多選項之一。

根據英國大規模的調查，已婚者與未婚者的幸福指數幾乎沒有差別。以實際例子來說，我曾經跟一位年紀與我相同的未婚朋友促膝長談，她對自己的生活非常滿意，不論是工作、人際關係，還是自我實現，各方面都令人欽佩。再者，婚姻一不小心就可能變成通往不幸的捷徑，因此在還沒有決心要共創和諧美滿的家庭之前，千萬別急著結婚。

如果你未婚或還沒有孩子，你將會有許多時間可以拿去投資在人際關係上。以我自己為例，我的原則是把大部分時間留給妻子和孩子，剩下的時間才會分一部分給其他人際關係。我很樂意陪伴孩子，假日通常就只陪家人。

未婚但有對象的人在陪伴情人之餘，可以把剩下的時間好好分配在其他地方。如果你單身，恭喜，你就像是人際關係的大富翁，能夠盡情加入各式各樣的團體、建立豐富又自由的人際關係。

不論你是哪一種狀態，重點是要選出必須投入時間的關係，並且用心經營。例如和老朋友一起出國旅行，就是值得花錢和時間的難忘經驗。我們應該付出時間和心思去關心、偏愛「死黨」，必要時也可能需要付出金錢。為了你的心理健康、YOLO（及時行樂）、工作生活平衡，這些都是必要鐵則。

好朋友跟存款、保險、股票一樣，都是退休時非常重要的準備。想像自己老了之後沒朋友，光有依山傍水、美輪美奐的田園別墅，卻從來未曾有朋友來作客，還會覺得幸福嗎？

來談者中有一位年過七旬的有錢人，他身邊沒半個朋友，這也是他罹患憂鬱症的主要原因。我們用心維持人際關係，不正是為了老了之後有人樂意登門拜訪嗎？讓我們從學校、職場、社會、興趣團體所認識的人之中，各結交一位靈魂伴侶吧！

社交不用多，但一定要眞心

我們跟人相處時，不得不蓋上一層厚厚的防護罩。現代人生活在都市，為了不被人際關係的刀光劍影所傷，彼此都披上了厚厚的鎧甲，不輕易讓人靠近，也不隨便認人為死黨。且比起以前，想要在離職後繼續跟前公司同事維持關係，也越來越難了，通常換了工作，也就斷了關係。

所以，現代人很孤獨。

想要打動對方內心深處，我們必須投入比以前更多的心力。交新朋友很難，維持友誼更難。**過度的社交只會讓人際關係來得快、去得快，變成更多昨日朋友、明日再會的狀態。**

因此，我們面對自己所重視的某些人應該更親切，並且付出更多時間相處才對。聰明的人老早就知道這件事的重要性了。

《湖濱散記》的作者，也是最受美國人喜愛的詩人梭羅，他和思想家愛默生的友誼最為人所稱道，兩人對朋友的看法相當發人省思：

像照顧香草一樣照顧貧窮。不要讓自己被新事物困擾，不論是衣服還是朋友。把舊衣服翻過來再穿，回去聯繫聯繫老朋友。萬物不變，是我們變了。

——梭羅（Henry David Thoreau）

擁有朋友的唯一方法，就是先當別人的朋友。

——拉爾夫・愛默生（Ralph Waldo Emerson）

給自己的練習

如何不去在意討厭的人？

❶ 情緒是自然產生的

因此情緒自然地來，也會自然地走，負面情緒終究會消失。

❷ 想一想，十年後這個人做的事、說的話，仍會影響我嗎？

當然不會。因此別去在意他做了什麼，未來總一天他會找到自己的出路。

❸ 設定一個當對方影響你的情緒時的基準分數

例如十分為極限，恨意最多只能到五分、憤怒最多六分、嫌惡八分，當你受到影響時，克制自己的情緒不超過這些分數。並沒有客觀的標準規定要設定多少分，意味著你的情緒其實是由你自己決定，不要花太多精神消耗在負面情緒上。

4 試著用最慢的速度步行

十分鐘就夠，不要去想那個人的事情，只要專注在你的每個腳步和呼吸就好。

5 試著慢慢進食

你也可以細細嚼著口香糖，或剝著橘子一片片慢慢吃。不要想那個人，只要專注在食物的味道、氣味和口感就好。

6 轉移注意力，不要一直卡在當下的情緒裡

你可以數數、仔細觀察附近的建築物，或是凝視天上的雲朵。

7 當情緒稍微平復後，請唸出左方這段文章

這是心理學家福律茲・培爾斯（Fritz Perls）所寫的祈禱文，能幫助你在人際關係中找到內心的平靜。

我做我的事，你做你的事。
我不是為了要實現你的期望而存在，
而你也不是為了我的希望而活著。
你是你，我是我。
如果偶然間我們遇見彼此，那很美好。
如果沒有，那也是沒有辦法的事。

眞心相對，是一切關係的基礎

當你真心待人，卻換來對方的拒絕、漠視或冷漠對待，一定很受傷吧！遇到這個狀況最好說：「算了啦！從今以後各走各的獨木橋！」豪邁轉身離去嗎？難道沒有能夠修復再繼續關係的可能性嗎？

我和上千對夫妻諮商過，很多人決心離異，其中不少是一方厭惡另一半，而不是雙方彼此交惡。換言之，一方還愛著，但另一方已經不在乎了，真心再也起不了作用。

例如，妻子決心離婚，因為她認為丈夫對她不好，不愛她了；但大多數的丈夫會說自己還愛著妻子，只是因為忙碌才疏忽了對方。

人際關係中有太多類似的問題，這時候不妨回顧一下：

①我的真心確實傳達給對方知道了嗎？

就前面的例子，丈夫並沒有確實讓妻子知道他還愛她，他以為就算沒有具體的行動，對方也一定能懂。這個世界上每個人都是思想和感受相異的個體，但我們卻常常誤以為對方理所當然懂得自己在想些什麼。不好好說出口、表現出來，對方是不會懂的。

我們應該時時檢討自己的「真心傳達力」，很多人在還沒好好傳達自己的心意之前，就急著要跟對方拒絕往來，殊不知真正的原因可能是自己的傳達出了問題。

②對方的處境是否容許接收我的真心？

傳遞真心不是單方面做到就好，也要看對方的處境和狀態是否有餘力接收，這點是人們最容易忽略的地方。如果一個人沒有多餘的心思照顧到人際關係，你卻吵著要他關注你，搞不好連之前對你僅存的好感都會被抹滅。

學會觀察對方的心理狀態是很重要的，要懂得分辨對方最近是不是累了、倦了。在分手之前，好好檢視對方的處境和狀態，這是對待人際關係中最基本的尊重，即使決心分開也不應略過這個過程。

左方的例子，即是最好的印證。

文宰是國中老師，他跟體育老師哲民處得很不融洽，彼此總是意見不合，因此過去一年來兩人從不正眼瞧對方。後來，文宰被調任到其他學校，大家爲他和其他幾位調任的老師準備了歡送會。哲民也出席了，雖然他故意坐在離文宰很遠的地方，也不跟他交談，卻一路跟著續攤到第三攤。正當歡送會結束，大家準備要回家的時候，哲民主動開口了。

「李老師，要不要再跟我去喝一杯？」文宰應邀，兩人促膝長談，也漸漸解開了彼此的誤會。回想起來，才發現過去不愉快的經驗都是些雞毛蒜皮的小事。

後來他們雖然已不在同所學校，有時候還是會相邀小酌一番。此外，經由哲民介紹，文宰也愛上了釣魚，現在反而是他主動約哲民去釣魚呢！

在關鍵的最後一刻，我們都應該有大聲說「一起吃個飯吧！」或「一起喝杯咖啡吧！」的勇氣。

③ 對方是不是第一眼就不喜歡我？

如果對方第一眼就看你不順眼，那麼你的努力只是徒勞無功。有可能他對你的第一印象就不好，或是怎麼樣都看你不順眼。一個人不喜歡你，雖然可能是長期相處的結果，但也有可能從他看你的第一眼就不喜歡你了。

我們每個人心中都有一套「印象評分系統」，隨著成長的過程，慢慢建立起評價他人的基準。例如「帥哥就是花心」，以貌取人多是出自於無意識的反應，通常連自己都不明白為什麼有時看對方順眼，有時卻莫名討厭。

這個印象評分系統不是一夕之間建立出來的，而是經過幾十年人際互動、交往、對話的過程慢慢形成。近年來智慧型手機帶來的影響也不可小覷，**研究學者認為，手機可能會大量製造對特定團體的偏見、仇視和反感。**

曾經有位女士告訴我，她認識一位人人稱讚的先生，但她卻極度討厭此人，在別人面前也毫不掩飾對他的反感。我問她為什麼，她猶豫了一下，才老實告訴我原來幾年前她跟前男友分手，當時恨死對方了，而這位先生長得跟前男友根本就是一個模子印出來的。

你或許覺得沒道理，但事實上包括你在內，每個人都是這樣的，因此不論你再怎麼努力，有時候第一眼就不喜歡你的人還是不會被你打動。

當然，也有看順眼的狀況。曾經有一位來談者因為個性不合要跟丈夫離婚，我問她當初為什麼要嫁，她說是因為對方長得太像她父親。原來，她有個非常慈祥的父親，對女兒百般疼愛，但不幸在她國二的時候意外過世。成年後她遇見了這位外表和舉手投足都像極父親的男人，她很快墜入愛河，還沒好好跟對方談戀愛就論及婚嫁。沒想到一起生活之後才發現，前夫的個性、生活習慣、價值觀都跟父親天差地別。

綜觀以上三點，可見我們每個人都是有極限的，也無法否定過去經驗所帶來的影響，所以當你的真心沒被對方接收時，別急著絕交，不妨先通過一段分手前置作業，就算很簡短也沒關係，讓傷害降到最低。想一想，為什麼對方不能理解我？是不是我的真心傳達力出了問題，而讓對方誤會了呢？有沒有可能是自己沒注意到的其他問題呢？

你之所以付出真心，是因為你認為就算只有一點點，對方在你生命中也是有意義的，所以是不是值得再多敲幾次他的心門呢？

動作，影響你的人際關係

除了表情之外，動作也是很重要的非語言訊息。就算什麼話都不說，從動作也可以看出一個人是否專注在聽對方說話。事實上，「動作」比言語更能表現出信賴感，因此就算一個人試圖掩飾他的不在乎或輕蔑，只要一個動作不留意，還是有可能被看穿。

例如，談話時頻頻咬嘴唇的動作被視為不安和不自在；東張西望也會使對方覺得自己不被尊重。

之前我在諮商中心工作時，有一位男同事就有類似的問題。我們共事沒多久，我就看出他的行為舉止有可能影響人際關係。每當別人在說話時，他不是雙手抱在胸前，就是肩膀往後撐著，雖然他沒有惡意，但這些動作已經成為習慣而不自知。

他的父親非常傳統，極少表達對子女的關愛，因此他自己也不善於表達情感，直到三十歲都還沒有任何戀愛經驗。我猜想，不成熟且負面的肢體語言應該就是原因之一。

我看了實在擔心，決定好好建議他。我告訴他口才雖然很重要，但能夠讓對方感到舒坦的表情、動作、姿勢也一樣重要，並且傳了幾張傾聽的照片給他參考。

「敏俊，你覺得換成這個姿勢，是不是能讓聽者感到更舒服呢？」

他很吃驚，之前完全不知道自己有這個問題，因為從來沒有人告訴過他。他照我的建議常常照鏡子修正姿勢，我也好幾次看見他跟同事練習。過了幾週，他整個人脫胎換骨。

姿勢必須和說的話一致，才能達到效果

要表達「我認同」，除了說出口的話，你的表情和動作也必須一致才行，如果表情和話語不一致，那還不如播放錄音檔就好了。一個不小心做出了不適當的姿勢，別人甚至會誤以為被挑釁。此外，肢體動作也絕對不可隨便，

因為不自然的動作可能讓對方感到困惑或造成誤會。

我不是要大家雙手十指交握，表現出謙卑、傾聽的樣子；而是要各位練習能帶來好感的肢體語言。根據研究指出，**低姿態只會給人過於卑躬屈膝的印象，反而引來反感**。

心理學家艾美・柯蒂（Amy Cuddy）建議，想要提升自信，只要擺出有自信的姿勢就能辦到。例如擺出超人姿勢，就會激升超人般的力量；做出抬頭挺胸、充滿自信的「權力姿勢」，你會感受到體內一股力量升起，權力姿勢會影響荷爾蒙，讓你更有精神，並且減少生病的機率。

她的研究指出，採取雙臂高舉或雙腿張開站立的「高權力姿勢」（high-power pose）會比手插口袋或雙手抱胸、托腮駝背的「低權力姿勢」（low-power pose）分泌更多讓人有精神的睪固酮，並且降低使人生病或產生壓力的腎上腺皮質醇。

甚至在面試實驗中也發現，面試官傾向錄取採取高權力姿勢的應徵者。不過，在亞洲地區這麼做有風險，因為不小心可能給人沒禮貌的印象。

那麼，只要把肢體語言練好，就能溝通無礙嗎？不一定。更重要的是要有正面的情緒，驅使你做出帶來好感的姿勢。換言之，你的內心活動必須是舒適的，才能自然做出正面的肢體語言。虛假的肢體語言很容易被看穿，只有處於正面情緒的時候，你才會有正面的表情跟動作。

良好的溝通有賴於持續的練習。人體發育大概到了二十歲左右就定型，但大腦的發育則超過三十歲仍繼續進行。大腦學習數學在十歲左右最活躍，而掌管社會性、同理心、語言能力的部分則最晚開始發育。

相信大家應該多少遇過二十幾歲時討人厭，但四十幾歲卻變得有禮且善解人意的人吧？因此，萬萬不能停止自我訓練，我相信你一定能夠變得比現在更好。

給自己的練習

開啟良好對話的十二個步驟

美國神經科學家安德魯・紐佰格（Andrew Newberg）表示，連珠炮似的傳達一連串的內容，不會給對方留下好印象。下列是依照「慈悲溝通原則」來開啟良好對話的步驟：

1 **緩解緊張**

在三十秒內，緩緩吸氣從一數到五，再緩緩吐氣從一數到五。重複三次。

2 **佇足在現在**

凝視一隻手的同時，自問一句：「我是怎麼知道此時此刻，這隻手存在著？」

3 強化內在沉默

用手機傾聽鐘聲或是聲景（聲音的風景），約十五至三十秒。

4 提升正向性

從現在起，努力提高對對方的正面情緒，盡量減少對對方的負面評價。

5 思考自身認為的「最重要價值」

思索自我內心的價值，和對方對話時所獲得的關係價值，以及溝通的價值。

6 接觸愉快的記憶

即內心最舒服的畫面，或是想起對方時所激發的正向情緒。

以上是準備階段，現在要開始與對方的對話。

7 觀察非言語訊號

細心留意對方的表情、肢體動作和姿勢。

接著，實踐於對話中，如下步驟：

8 表達感謝

9 溫暖的語氣

10 放慢語速

11 簡單陳述

12 專注傾聽

朋友不用多，知心的五名就夠

有道是，送走壞人比遠離討厭的人重要。不要錯過好人，把時間花在永遠站在我這方的友軍，而不是花在擦身而過的敵軍身上。

我不清楚正在閱讀本書的你，是否也將個人主義作為人生座右銘。人們往往難以拒絕甜蜜的個人主義，這是因為它帶給個體最大自由和權利的保障，同時提供更多成功與挑戰的機會、條件。個人主義是一種思潮，也是一種文化。它縝密地構成了我們生活的城市。

問題在於，我們感覺到前所未有的寂寞。有人說最近發展得最好的是和「撫慰孤獨」相關的產業。如膠似漆的感情才能稱為良好的人際關係。想結交一個好朋友，就得經常碰面，細心照顧對方，遵守約定，犯錯要認錯，還有共享珍貴事物。

這種親密感通常很難與個人主義共存。你不允許有人隨時來敲門，個人主義者的人生弱點源自於此。因為當你真的感到孤獨的時候，沒有半個人會來敲你的門。孤獨帶來的痛苦以及孤獨死現象，在個人主義色彩強烈的法國蔓延，致使國家出面推動政策，幫助老人家建立人脈網。我們被迫夾在個人主義和親密關係之間走鋼索。

根據研究人類大腦的最新內容顯示，最快毀掉人類精神的是「孤獨」。長期孤獨會誘發憂鬱症，使人提早罹患失智症。大多數的人不善應付孤獨。人類不像老虎或是老鷹，更近似螞蟻和蜜蜂，因此有學者將人類心理學定義為「蜂窩心理學」（hive psychology）。

想過幸福人生，或者維持最基本的精神健康，就得遇到好朋友及好伴侶。我們真正需要的，大概是在親密的人際關係中撐下來的力量。人與人之間更緊密、更常接觸，會變得更加親密。

依照牛津大學進化生物學教授羅賓・鄧巴（Robin Dunbar）所言，**我們能承受的人際關係最多是一五〇人，超過這個數字將超出大腦的負荷**。這一五〇人指的是大致上認得臉的人。當然，如果能和這些人維持長久的良好關係是件好事，他們會讓你的人生獲益良多。

然而，無論多外向的人，假如能吐露內心話的對象超過二十名，一樣會感到疲憊。討論重大問題時，將人數降到五名，即魔法數字五。沒有這五個人，我們一樣會感覺孤獨。

現在的你有能聊心事的朋友、知音嗎？什麼程度算是朋友？什麼程度算是熟人？誰是摯友？要怎麼結交五名知音呢？

交朋友是一段需要投注許多誠意、努力和實踐的漫長旅程。如果你現在擁有五名知音，希望你好好經營和他們的關係。亡羊補牢是行不通的。如果你的知音不到五人，那從現在起，踏上人際關係的長途旅行，和那五人中的一人相遇吧！

走進人群，才能結交朋友

如果身旁有足夠的人力資源，那就好好從中挑出候補人選。若認識的人之中，沒有值得成為候補的人，那就騎上心中的駱駝，前往有新朋友的地方。

或許得翻過好幾座有討厭鬼住的山丘才到得了。

但你不能急躁，因為可能要花上數年、甚至數十年的時間。但是，如果你很清楚這份淒涼的孤獨是你要征服的對象，就得先做好安排，付出大量精力和時間，去結交一名知音。有了知音，你的人生將有天淵之別。

韓國江南有一個有名的讀書會，許多人趨之若鶩想參加，藉此結交益友。睜大眼睛，去找一些能交到益友的聚會或同好會吧！也許交朋友會引起個人主義者的反感，但卻不可避免，想結交朋友就得進入滿是人的叢林。不要一開始就抱著結交摯友或知音的心情，單純去認識新朋友，不帶壓力地挑戰看看吧！

如果因為某個契機結識互有好感的朋友，或是想長久相處的人，就得努力經營關係。要獲得一名知音，如同等待發酵的韓式大醬般，要給予其熟成的時間。

不爲他人活，要爲自己活

查理．卓別林（Charlie Chaplin）的電影《摩登時代》（*Mordern Times*）中用象徵手法描繪現代人的人生。在電影中，現代人的人生曾是每天站在輸送帶栓螺絲，晚上下班後，回家躺在沙發上看電視看到睡著。

但是，現在我們每天坐在桌前和別人互動，取代了過去站在輸送帶前的日子。人和人接觸、溝通，以創造新事物。因此，自在地和他人溝通的能力至關重要，甚至連面對敵人也得做好表面功夫，自在溝通。與其說溝通本身變得重要，應該說「溝通能力」變得越來越有用。

如今，擅長溝通等於工作表現出色，甚而對某些職業來說，溝通就是工作，工作就是溝通。因此，我們不得不對溝通產生關注，把精力集中在說服、迷惑對方的話術，操縱對方的心理，進而掌控全局。

但是，溝通不是一種技巧，而是一種情緒，也是獲得人心的方式。**我們**

真正要從他人身上得到的不是人氣，是「人心」。人氣只是單純的好奇心，很多時候是行不通的，我們要成為獲得人心之人。

穿上帥氣的衣服，打扮得漂漂亮亮，就能得到人氣。但是，這和「我想和那個人說話」、「想和那個人共度時光」相距甚遠。這就是為什麼我們要學習包裝、修飾對話。

有時候，為了獲得人心而釋放出溫情，卻得不到好的回應。那種時候，不斷乞討對方的感情，到最後會得不償失。即便當下說服對方，這段關係也維持不了多久，只會傷害感情，令人精疲力竭。

不過，就算是站在這種角度來看，偽善和謊言依舊是不好的。對對方不好，對自己更不好。哪怕被迫說出善意的謊言，到頭來也不會帶給我們更多的利益。好好想想，有多少人因為善意的謊言，使人際關係被摧毀？無論何時，人們冀求的，始終是「真心」。

因此，絕對不要自責。與其去想自己的不足之處，不如想想自己這次哪裡做得好，下次就能重新迎戰變幻莫測，充滿變數的溝通。

提高情商，就不會成爲情緒的奴隸

建宇是一名汽車銷售員，因為職業特性，非常需要對話和經營人際關係的技巧。於是，他每週末都逛書店，翻閱新出的對話溝通書籍。他買的書已塞滿了整個書櫃。

建宇很早就進入汽車銷售的圈子，是因為自覺適合這份工作。雖不清楚自己的想法是否正確，不過他的業績總是領先同事，即便是全體門市總排行，他也持續排在上位。可是，不知從何時起，他出現了社交恐懼症的症狀。社交恐懼症如同舞台恐懼症般，雖不至於直接迴避，但建宇在見客戶時，會噁心想吐，難以支撐。

因此，他接受了心理諮商。問題出在「他總是試圖迎合對方的話」。

建宇是因為長期的情緒勞動，致使心態崩塌。連下班後都得應付客戶，回訊息回到深夜。客戶們對汽車一有疑問，就不分時間地來電、發訊，像是：「我的車什麼時候該換機油？」

即使是晚上，建宇也會誠心誠意地給予對方滿意的答案。建宇獨自賣力經營人際關係，深信自己是個感性的人，誤以為不會因此影響到日常生活。當然，他是自己騙自己。自我欺瞞情緒是最糟糕的事之一。

情緒勞動者會無止境地約束、管理自己的情緒。為了使客戶開心，會刻意裝嗨，或是壓抑不好的情緒。情緒勞動者之所以危險，是因為他們為了他人，長時間壓抑、偽造人類的一切感情。情緒勞動者易成為情緒奴隸的高風險族群。

他來找我時，心情已經鬱悶到要爆炸。為了有效進行心理治療，當務之急是全盤接受自己的問題。假如接受不了自己的心理問題，療程很難有進展。我們必須承認自己是脆弱的，承認自己的心隨時會變得懦弱、崩塌，受到傷害。大部分的心理治療會從這裡著手。

「我因為那個人很受傷。」建宇道出了從未吐露的心聲之後，心情稍微舒服了些。

人類不是人工智慧機器人，也不是對話程式。我們會因為對方的一句話而受傷，偶爾也會因一句話徹底動搖。情商（一種自我情緒控制能力的指數）越高的人內心必然脆弱，就像建宇一樣對情緒敏感的人，更容易受傷害。

承認自己是不完整的情緒存在，不是要我們覺得自己很寒酸，或覺得挫折，意思是不要裝堅強、裝厲害、裝撐得住，只須承認我被對方的話影響到，所以內心動搖了。

生氣時，告訴自己：「沒什麼大不了的。」

某天，建宇突然問我：「太討厭那個人，一度想握緊拳頭打他，那種時候該怎麼辦？」

面對每天拿業績教訓他的上司，揮拳的念頭無時無刻盤旋在建宇的腦海。原本就因為挑剔的客人承受著莫大的壓力，如今上司還來火上澆油，建宇覺得自己就像夾在中間，動彈不得的三明治一樣。

我說這不就是人生艱難的原因嗎？因此我告訴他如何敞開心房，讓陽光進駐，還有如何打造心理防護罩。怨恨之所以會成為問題，是因為那是一種破壞內心的情緒。雖然這個世界必然有招人怨恨的存在，但是讓內心充滿怨恨，到頭來損失的只有自己。**千萬別讓怨恨支配自己的心。**

小說家海明威個性悲觀，總是自我懷疑，最終克服不了憂鬱症，以自殺結束一生。但是，在他的小說中，他不斷描繪著內心深處的理想世界。他的小說《老人與海》裡有段內容，套用在人際關係上，再適切不過。

老人拚死拚活，在大海捕捉的槍魚卻被鯊魚奪走。老人費盡力氣，好不容易回到家、躺上了床。

老人說：「海上的事就像一場夢，沒什麼大不了的。」

希望你也能如此。我衷心希望當你遇到討厭的事、討厭的人、度過了無可奈何的一天之後，躺上床也能說出「沒什麼大不了的」。

給自己的練習

避免陷入情緒勞動的六個方法

1 找到能傾負面情緒的對象

相反地，倘若對方遇到困境，我也要專心傾聽。

2 兼顧充分的休息和高強度運動

就神經生理學層面來說，運動能鬆弛大腦壓力區。心靈受創時，就用身體治癒吧！

3 深入了解讓自己陷入情緒勞動的原因

以本篇來說，透過網路或書籍，仔細了解為什麼會有奧客，奧客有何特性。了解之後，會意外發現這些人變成不良客戶的原因很簡單，大多是因為人類的劣根性及自卑感所致。

4 情緒勞動者常犯的錯誤是：「那個人認為我什麼都不是，所以才瞧不起我嗎？」

這種想法大錯特錯。人和人之間的溝通不能以偏概全，每個人都很珍貴。無論何時，不要忘記自己的珍貴。

5 練習不把工作時遭遇的負面記憶和情緒，帶到下班後

學習下班之後，馬上忘得一乾二淨的心靈洗滌法。尤其禁止不斷回想負面記憶，找出停止回想的方法。

6 多練習清空心靈，如停止思考、腹式呼吸和冥想

大腦也需要鍛鍊，平常稍微練習，日後面臨重大衝擊時，內心就不會動搖。

這些話，反而使關係更緊張！

「我本來想把一切做到最好。」這是我最討厭的話之一。犯了錯，認錯道歉就可以了，卻因為那些辯解，原先想原諒的心也煙消雲散。

老掉牙的台詞會把說話者變成老古董。全世界最落伍的就是陳腔濫調的人。不是不說責備、謾罵和嫌惡的字眼，就不會產生傷害。有時，比起帶有攻擊性的直接表達，惹人討厭的陳腔濫調造成的傷害，更會長久留在心中。因為是經常說的話，想反駁也無從反駁，放在心中卻時不時會想起。

「這個世界上累的不只有你。」這句話不僅老套，也沒有同理心。聽了這種話後，對那個人的感情一下就沒了。

職場文化研究專家林恩・泰勒（Lynn Taylor）主張，陳腔濫調是造成同事之間喪失信任的主犯。泰勒在《雪梨晨鋒報》（*The Sydney Morning Herald*）上介紹了幾句類似的話，概列如下：

「我不該說這種話，但是……」
「我不會再犯了，我發誓。」
「我眞的很不想這樣做……」
「說實在的……」
「雖然我沒遵守約定，但是……」
「我會努力看看的……」
「私下說……」
「說不定以後有事會拜託你。」
「如果傷了你，我道歉。」
「以後再說。」
「不要想太多。」
「我才不擔心。」
「就算是這樣……能這樣，你就該滿足。」
「那是你運氣好。」

上述有些話會讓人連連點頭，不過也有些話會想搖頭。這大概是因為我們的職場文化和西方有落差。總之，從以上的清單中，我們學到一件重要的事：**那就是帶著善意說出的無心之言，對方有可能全然無法接受。**

我們總是誤會對方的心情，誤認為說某些話或做某些行動，能討對方歡心。豈料，對方完全不吃這一套，甚至變成了討厭自己的理由。我們不能忘記自己經常誤判他人的心情。

這是經典的行動心理學知識，也是犯罪側寫教科書中常見的內容。話雖如此，還是有出錯的可能性。口中吐出的陳腔濫調，很有可能只是毫無意義的口頭禪，也有可能是口不擇言。了解對方真心的上上策是開誠布公的對話，聽完對方的真心話，確認言中之意才是正解。

但是，要一個人吐露心聲不是件容易的事。或許就是因為這樣，大家才隨心所欲猜測對方所想。市面上心理學書籍氾濫，也是因為彼此溝通不良，我們習慣性誤會對方的心意。

不經思考說出的話，往往最傷人

人們在職場生活中會說的陳腔濫調，常常是在親近關係中，隨口說出的話。飽受都市生活折磨，壓抑的情緒不斷累積，在某個不經意的瞬間爆發。在應該吐露真心話的地方忍耐，到頭來把氣出在無辜的人身上，比如說，最好欺負的家人和交往多年的戀人。但是面對上司卻什麼也說不出口。

如此看來，每個人都是差不多的情況。不少人對別人說話隨便，卻會因為別人說了討厭的話而憤怒，哪怕是小小的責備也覺得是攻擊而反應激烈。

我們很清楚自己行為上的錯誤，反之，也許對方也很清楚。但是，擔心對方是不是把自己想得很壞，和從對方口中直接聽到指責的話有天壤之別。

一看到工作做不好，讓人心寒的職場後輩，內心會響起兩種聲音。

天使：「想當年，我也是那樣。以後會進步的。」

惡魔：「煩耶，因爲那傢伙又得加班。公司在搞什麼鬼，居然不開除那種人。」

如果忍不下去，就直接說出：「金代理，為什麼事情總是處理不好。打起精神吧！」這樣一來，兩人的關係就會瀕臨破局，就算請喝再多的酒、吃再多的飯，連連道歉，兩人的關係也已覆水難收。

男人常見的錯誤判斷之一是，忍不住快言快語，說話不加修飾，誤以為請喝酒就能舒緩對方的心情。好好想想吧！自己會吃這一套嗎？男人之間不可能吃這套。

胡言亂語會引發閃光燈記憶，這是一段對恐攻或災難經驗而產生難以抹滅的強烈記憶。**減少胡言亂語和陳腔濫調，人際關係才能變得更柔軟。**

Chapter

4

劃出善良底線，成為溫柔但堅決的人！

不必和每個人都合得來

儘管不認識的人或是不熟的人，對我們做出連珠炮似的「恐怖攻擊」時，會使人不舒服，但親近的人帶來的憂慮和痛苦也不少。很多時候，親近變成了負擔，更嚴重的情況甚至光是存在的本身，就是壓力的根源。我和照顧癌末、失智症父母的子女諮商時，總是會想，有比這個更痛苦的事嗎？

親朋好友不在話下。此外，像是認識的朋友、事業夥伴和公司同事等，比起其他人，這些人傷我更深。雖然親近的人固然帶給我很多安慰，卻也帶來很多疲憊。

心理學者何慕斯（Thoms Homes）和雷伊（Richard Rahe）編製出一份壓力指數量表。雖然是五十多年前編製的表，至今照樣很有說服力。

這兩位學者以五千人為對象，將壓力程度指數化，舉例來說，配偶的死亡帶來的壓力最大，是一百分。以此為基準，繼而評估其他事件的壓力指數。

如左圖所見，人際關係帶來不小的壓力。親近的人不只是愛和幸福，同時也是痛苦的來源。

項目	壓力指數
配偶死亡	100
離婚	73
家人死亡	63
結婚	50
被解雇	47
分居	45
分居後復合	45
家庭有了新成員	39
親朋好友的死亡	37
和配偶感情不和	35
孩子離家	29
和婆家或岳家家人起衝突	29
和公司上司鬧矛盾	23
家庭聚會次數的變化	15

光想就心驚膽跳，就算我活到一百歲駕鶴歸西，可是如果太太先我而去，我依舊會非常痛苦。親近的人平安無事固然好，但總是有事情發生在他們身上。因此，我時時刻刻都處於緊張、悲傷之中。縱使不是什麼大事，也是如此。

這些年替許多人諮商，我發現許多諮商內容與職場人際關係相關，會有這種情況是有原因的。前頁的圖表中，項目欄中的「和公司上司鬧矛盾」拿到二十三分，約為配偶死亡帶來的痛苦的四分之一。和公司上司鬧矛盾及配偶死亡，其實是無法比較的。但是，以人生比重來想，想法會迥然不同。說實在的，和上司的矛盾不可能有完結的一天，加上解決這件事也不容易。

保持適當距離，才能怡然自在

敏智因為職場前輩而極度煩惱。兩人職位相同，年紀只差一歲。但是，對剛進公司沒幾個月的職場新人敏智來說，入社五年的前輩是很尷尬的存在。偏偏前輩是負責帶敏智的人。和敏智的內向謹慎相比，前輩說話無所顧忌，如果敏智出了錯，絕不拐彎抹角，會當場糾正錯誤。很多時候，前輩的指責沒錯；可是站在敏智的立場來說，心很累。每次被前輩責備後，到了睡覺時間，敏智腦子裡依然不斷地想著那件事，進而鬱悶。

敏智問我，前輩是不是造成她最近憂鬱的原因？雖然憂鬱的根本原因不是前輩，敏智從很久之前就有憂鬱的徵兆。其實有不少女性受憂鬱所困，因女性較男性神經質、內向，且重視關係取向，以致女性更常受到傷害，變得憂鬱。不過，也有不同的主張。有人認為是否憂鬱和性別無關，男性只是比較難察覺到憂鬱，且不善表達情緒罷了。

諮商進行得非常順利，敏智決定把前輩當成朋友，而不是敵人。她有自信能辦到。在同一間辦公室裡，只有敏智和前輩是同齡，她進公司以來，一直刻意和前輩保持距離，因為不交心，以至於前輩也只和敏智維持著公事關係。當兩人的關係拉近後，敏智馬上發現前輩其實是非常溫暖的人。而兩人變得親近的關鍵是，敏智開口詢問前輩的生日。

敏智先鼓起勇氣，詢問前輩今天是不是她的生日，正好兩人住得很近，便約見面一起過生日。自此之後，兩人的關係變得親密。前輩對敏智的態度立即產生一八〇度的轉變。敏智犯錯，不只溫柔指導她，甚至替她完成工作。

敏智的期望實現了。但是，卻產生意想不到的問題。前輩對敏智過度的情感依賴，以至於整段關係變得有壓力。敏智坦言對前輩沒那麼有好感，怎麼樣都不可能變成好朋友。兩人從性格、嗜好到價值觀，沒有一項是合拍的，只是為了讓職場生活好過些，才有目的地拉近距離。

前輩沒有朋友，所以每個週末都約敏智見面，這件事造成敏智的困擾，敏智的好朋友們漸漸感到不滿。不光是這樣，敏智還放棄週末休閒活動。這樣也不行，那樣也不對，敏智實在不知道該怎麼調節和前輩的距離。

我給的建議如下：

> 女性們往往難以忍受枯燥乏味的辦公室關係，對辦公室關係感到不安。但是，這個世界上，魚與熊掌，兩者本不可兼得。你很想上週末的瑜伽課，卻因前輩的邀約而打亂計畫，心情變差。
>
> 我們要當幸福的利己主義者，不能因為別人，損害自我生活品質。能不

能只接受前輩平日的晚餐邀約呢？說實在的，妳連平日晚餐也不想赴約。但是，無論何事，在某種程度上做出一定的讓步是必要的。考慮到期望實現的最低生活水準，學會靈活變通的智慧，減少該減少的，增加該增加的。

我的建議使敏智陷入沉思，自我反省。在最後的商談時，敏智這樣說：

一直以來，我因爲人際關係，覺得疲憊不堪。變親近有變親近的疲憊，不熟有不熟的疲憊。正因如此，我根本沒力氣關心自己的幸福、平靜和尊嚴。和人維持良好關係的目的，應該是對自身有利，讓我過得舒服才對，不應該反過來害了自己。既然我努力過了，目前和前輩劃清了界線。就像您說的，每週一天吃晚餐就夠了。最重要的是，能找回週末，我眞的很開心。

建立人際關係的時候，適當地走鋼索是不可或缺的。但是，有件事請銘記於心：**「沒必要以犧牲自我，來維持一段關係。」**

放下輸贏，心情更自在

賢秀在這次的升遷中落選了，萬念俱灰。他和同組的尚元同樣身為代理，一起競爭科長的位置，最後科長之位落到尚元手中。在這之前，兩人私下交情相當好，會一起去喝酒。但是，打從尚元升上科長的那一刻起，賢秀就變得冷淡。尚元好幾次都叫賢秀不要這樣，可不管怎麼說，上司和下屬的關係已是事實，聚在一起喝酒，賢秀總感到彆扭。

賢秀的生活日復一日，重複不變。反之，尚元負責組裡更重要的事務而受到關注。更讓人心痛的是，尚元和兩人都有過好感的同組組員秀智，開始搞「曖昧」。

想當然耳，賢秀眼紅嫉妒。不但如此，賢秀心中升起了一股無名怒火。他曾睡到一半猛然坐起，心想：「成為魯蛇就是這種感覺嗎？」

競爭不只會發生在兩人爭奪同一個位置時。雖非出自於本意，卻可能在某一刻演變成競爭，甚而有時候，自己單方面覺得是競爭，對方卻毫無感覺。偽裝成友情和愛情的競爭關係多到說不完。

說穿了，人際關係是鬥爭的延續。無論兩人的關係多麼親密，為了在兩人的領域中占據更多地盤，會展開神經戰。心理學者指出，世界上的任意兩個人之間，為了先取得控制權或權力的制高點，即取得更多，會點燃戰火。尤其夫妻吵架有很多時候都是如此。要知道，吵贏了也不會有好事發生。

就算競爭中輸了，心態也不能輸

ABBA是我很喜歡的歌唱團體。我很喜歡他們的原因是，我過世的父親也很喜歡ABBA的歌。小時候，父親會放他們的歌給我聽。因此，我也愛上了他們。雖說我在十幾歲時認識了披頭四，二十幾歲時知道了超脫樂團（Nirvana），對ABBA的愛逐漸淡卻。可是，隨著年紀增長，我再次醉心於ABBA的音樂。蘊含著人生真理的ABBA的歌詞，對我而言，是比教科書更好的人生參考書。最近，每星期我都會一邊放ABBA的音樂，一邊閱讀寫作。

儘管ABBA的音樂歷久彌新，可是團員們的人生卻使人鼻酸。ABBA團名的由來，是採用了四位團員Agnetha、Björn、Anni-Frid和Benny名字的首個字母而命名。這說明了這四個人各自有多特別。Agnetha和Björn、Anni-Frid和Benny各是夫妻。

起初，只有Björn和Benny創作音樂，於一九六六年成立了男聲小分隊，唱著唱著，兩人把彼此的女友拉進來，成立了四人團體。Agnetha和Björn在一九七一年結婚，隨後Anni-Frid和Benny在一九七八年也結為夫妻。他們靠著美麗旋律、引人共鳴的歌詞，以及迷人的歌唱實力受到歐洲人的喜愛，而後更是受到全世界的歡迎。

但是，團體的成功並不是Agnetha所樂見的。她無法接受自己得拋下剛出生的兒子Christian，參加全世界巡演，因而飽受憂鬱症折磨。最後，她在一九七九年向Björn提出離婚，兩人永遠回到朋友關係。分手後，兩人仍深愛著對方。儘管Björn後來再婚，再婚妻子卻神似Agnetha，這意味著他一輩子都忘不了她。後來，Anni-Frid和Benny也在一九八一年離婚。離婚之後，四人一如既往合體活動，只不過沒維持太久。女性成員Agnetha和Anni-Frid不做音樂之後，過著隱居生活。另一方面，Björn和Benny繼續音樂活動。兩人用ABBA的經典音樂創作的音樂劇《媽媽咪呀！》（Mamma Mia!），再次轟動全球。

要我選出最喜愛的ABBA歌曲真的是一大難題，因為喜歡的歌曲太多了。但是，我最珍愛的歌曲之一是〈The Winner Takes It All〉（贏家全拿去）。和某人分別時，沒有比這更能安慰我的歌。

承受離婚痛苦的Agnetha為這首歌填了詞：

> 我不想再談過去發生的事。雖然它已傷了我，但那已成了歷史。我能做的都做了，而你也一樣。沒什麼好說的。我沒有更好的牌可打。贏家全拿去，輸家只能卑微地站在勝者身旁。這是她的命運。

我時常品味這首歌。因為歌詞中道出太多人際關係失敗時必備之事。這首歌傳達了每一種人際關係的真相，不一定是兩性關係，就如同本篇中的賢秀和尚元。

喜歡上這首歌之後，我產生了這種心態：絕對不要當人際關係的輸家。然而，人生在世，免不了遭遇挫折和失敗。不成為輸家的上上策就是：「競爭中輸了，心態上不要輸。」勝利固然好，但比勝利更好的是，學習不會永遠成為輸家的對策。

給自己的練習

這樣做，輸了也能釋懷

1 首先，全力以赴加入競爭

因為現在不爭鬥，將來會後悔莫及。

2 再來，無須銘記失敗的經驗

建設心理防禦，不使失敗的負面經驗長存。

3 不要忘記失敗的經驗會成為將來的資產

愛迪生說過：「我不是歷經一千次的失敗。我只是成功發現一千種做不出電燈的方法。」

❹ 克制自己，不要埋怨、眼紅，或是嫉妒贏家

就如前文學到的，眼紅、嫉妒是人類的強烈本能，是人都會產生這樣的心態。但是，可以透過訓練，時時練習克制嫉妒的方法。眼紅、嫉妒會蠶食生命能量。若想振翅高飛，就要學會遺忘嫉妒。

❺ 以過往的失敗為鑑，整理出成為贏家的方法

把失敗經驗寫成日記或散文，會起到驚人的效果。

❻ 徹底觀察失敗所引發的情緒

不要抑制、迴避，悲傷、生氣和抱怨都沒關係。但是，要設定好計時器。和自己約定好時間，當約好的幾小時、幾天或幾週過去之後，絕對不要再繼續困在情緒中。

❼ 為贏家獻上加油和祝福的掌聲

如果不想被認為小心眼，縱使心不甘情不願，也要送上掌聲。

❽ 堅信這是唯一一次失敗

不要有「我會繼續失敗，永遠地失敗」的念頭。

❾ 努力戰勝羞恥心

輸了並不可恥，努力振作，捲土重來即可。

動機單純，越能留下好印象

每個人都想讓他人留下好印象，就算是下次無緣再見的人，就算對我不滿意的人，也希望對方能覺得「這個人真不錯」。沒有這種念頭，又或者是不想為此努力的人才是奇怪的人。說不定，讓他人留下好印象是每個現代人的課題。

想留下好印象，未必是為了成功。若以長遠考量，則如春天播種般，希望在下半生獲得好結果。畢竟若能讓許多人留下好印象，可以作為成功人生的證明。

在我的朋友中，有位非常小氣的人。由於我和他的交友圈高度重疊，不可避免地要出席對方家中的紅白喜喪。先前，我去了他弟弟的婚禮，因為邀請的賓客出席過少，場面冷冷清清，而他的父母沮喪的神情，至今仍歷歷在目。當然，那位朋友也帶著相同的表情，可以想像他那天一定為了平時的吝嗇，懊悔不已吧！

另外一位我的熟人，從事教育事業。有一次，他參加了大型教育博覽會。博覽會過了好幾天，卻門可羅雀。豈知，在最後一天的下午，有間學校的校長姍姍來遲，找到了他的攤位。校長看似相當關心博覽會，不停追問細節，而他一如往常，盡心竭力地介紹商品。其實，那個商品未必適合賣給校長，在我看來，他做的是無謂之事。

當時，那位朋友被事業資金所困擾。不料，不久之後，出現了一位提出十分有利條件的投資者。了解之後，他才曉得投資者是博覽會上那位校長的好友。投資者表示，由於校長給了他的事業非常高的評價，因此，自己決定投資。之後，那位朋友的事業一帆風順。

比起送禮，真心度過的時間更令人難忘

人類是感情動物，不可能時時笑臉迎人。很多時候，我們會生氣，會煩躁，偏偏又碰上重要會議。在心情不愉快時，不論是處理要事或是努力想讓

人留下好印象，都不容易。

其實，比起讓人留下好印象，重要的是，不要留下壞印象。

很多時候，我們這樣做也不對，那樣做也不是，給人留下的印象不好不壞，模稜兩可，對方只把我當成一個普通人。身為城市人，就得忍耐這類的事。因為在城市中發生的無數相遇和別離，鈍化了我們的感知。我們百般警戒地觀察無數擦身而過的人，以致支撐不住。所以，漸漸地，我們在重要的、應留下好印象的相遇中，施不上力。

那麼，要如何為對方創造一段好的記憶呢？

有些記憶可追溯到對方的基因。首先，我們要了解心理學者康拉德．洛倫茲（Konrad Lorenz）的有名實驗。在該實驗中，洛倫茲把鴨蛋分成兩組，使之孵化。一組由母鴨孵化，另一組由洛倫茲親自孵化。洛倫茲孵化的小鴨子把他認成母鴨，亦步亦趨地跟著他。

這不是悉心照料鴨子就能辦到的。小鴨子能把洛倫茲認成父母而無條件信賴的時期，是孵化後十三至十六小時之間。太小不行，太大也不行。

洛倫茲主張這個過程，好比在小鴨子的腦中蓋印章一樣，故稱之為銘印（imprinting），也就是刻印效果。同樣的道理，**讓對方留下好印象，就像在對方大腦蓋章，要給對方刻印鮮明的記憶才行。**

在我二十多歲時，發生過一件有趣的事，事件人物是我認識的人。兩男爭一女，最後那位女性選擇和其中一人交往，至於為什麼會選擇他，我正巧有機會一聽究竟。據她所言，其中一位男性主要採取禮物攻勢，造成她的壓力，便經常叫他不要送禮；另一名男性則尋找特別的約會場所，取代物質誘惑。某次，他帶她去欣賞國外知名畫家的展覽，打動了喜歡美術的她。

雖然採取禮物攻勢的男人砸了更多錢，卻在留下好印象的部分鎩羽而歸。如果非得送禮，時間是比物質更好的禮物。換句話說，一起去旅行度過的時間所留下的銘印效果，要比買名牌包強得多。當然受限於各種條件，要一起旅行並不簡單。此外，並不是說只要花時間就能萬事成功。除了投入時間外，也要利用言語、表情、關懷、付出和有意義的體驗，使對方留下印象。

在別無選擇，只能送物質禮物時，不能吃的比能吃的好。比起在不錯的餐廳吃龍蝦、牛排，寫有好字句的特製馬克杯更能擄獲人心。相較於一次愉快的晚餐，時時存在於視線範圍內的小馬克杯，更能喚起美好的回憶與感激的情緒。

如何留下好印象？給予對方眞正需要的

如何留下好印象和積極形象，是我們時時刻刻要煩惱的事，有一部值得參考的動畫電影，即《腦筋急轉彎》（Inside Out）。我們所有的記憶都有著情緒的顏色，每個事件會漆上不同的情緒，像是愉快、悲傷、憤怒和厭惡，繼而烙印在我們的神經細胞。看了《腦筋急轉彎》就會明白。

說到底，所謂的好印象，指的是有沒有把喜悅、好感等正向情緒，烙印在對方關於我的回憶中。然而，對方如何感受又是一大問題。縱使送了非常貴重的禮物，如果對方當成是賄賂，就難以留下好印象。反之，一起去爬山，不過握了一次手，對方卻想成是關懷和付出，就能烙印下好印象。

歸納以上所言，讓人留下好印象的方法是，察言觀色並確認對方喜歡的事物。還有，盡可能不做對方討厭的事。為了做到這些，我們需要付出對對方的愛和細微的關心，平時就要多留意對方喜歡什麼、討厭什麼，及何時會感到開心等。

有人為了留下好印象，每天拚命說些無意義的話。這種人比比皆是，對吧？雖然我們很難斷言，那樣做是否會給對方留下非本意的負面印象。不過，比起展開垃圾郵件式的攻勢，不如寫一封讓人印象深刻的信。稍微節制自己的行為，去觀察對方；偶爾做讓對方覺得真的很有趣的事；讚美和鼓勵對方。如果是足以留下好印象的事，對方的臉上一定會出現肯定的反應。

由於在都會中居住，要營造好印象不容易。在城市中，我的禮貌隨處可見。但是，對鄉下奶奶來說，卻變成親切的關懷。在感受不到細微關懷和真心，到處都是營造虛假形象的城市裡，大部分人都難以分辨面具和真面目。

越是如此，我們越想追求更多的真心。人們往往感受到潛意識底層的幽微欲望，表面卻裝不熟、裝不關心、裝麻煩，但內心又是另一回事。如果你想讓別人留下良好的印象，就得多想一想什麼才是對方真正需要的。

這樣說話，贏得好人緣

古語有云：「一諾值千金。」人際關係靠的是一來一往的話語維持，會說話就好比幫人際關係上油。可是，要會說話是有一定難度的。以前人們會被如同希特勒般能言善道的人欺騙，但現在的人已不太會上當。換作是我，若有人在我面前滔滔不絕，長篇大論，我一定會謝絕。

近來，所謂能言善道之人，指的是能軟化、滋潤聽者心靈之人；是聊完天之後，能讓人心情變得舒服，毫無壓力，想再次見面、有豐富共感能力的人。有時候，「為對方著想」這句話，反而會成為毒藥。因為這句話而搞砸對方對我的印象，繼而失去信賴的情形，屢見不鮮。

為什麼會發生非我本意的事呢？雖非惡意，但老是發生相同的事，是因為錯誤的語言習慣。

我們學會並且熟悉怎麼說話之後，就會創造自己的說話方式。那會變成每個人根深蒂固的語言習慣。最能突顯個性的，就是一個人的說話方式。最近常稱呼人們為挑剔男、鐵壁女、親切男、禮貌男、冷都女等，都和言語習慣有密切關係。

女性詢問：「不覺得那部電影真的很有趣嗎？」

挑剔男回答：「還好。馬馬虎虎。」

這種語氣，一兩次還可以忍受。但是，假使每次都是這種說話方式，不管事後怎麼彌補，也只會被貼上惹人厭的標籤。因為沒魅力，身旁的人逐漸消失，本人慢慢感到委屈，認為自己只是像平常一樣說話，為什麼每次大家都誤會我。

其實，如果知道問題出在自己的語氣，值得慶幸，那正是改正的好時機。但是，大部分的人就連自己的語氣是怎樣都不知道，也有不少人即便知道了，還嘴硬說沒辦法，已經養成習慣，進而放棄改變說話的方式。數十年養成的習慣不好改是理所當然的。但是，只需改正幾個地方，原本的問題語氣就會變得大不同。

指示、命令，無形中會消磨好感

首先，必須觀察自己的語言習慣，利用手機的錄音功能，聽一聽自己怎麼說話，說不定會受到衝擊。有些語氣會幫人打氣，使人愉快，讓人感到自在。相對地，有些語氣叫人氣餒，使人傷心、傷感情。下列就是有問題的語氣，像是：

「你老是那樣。」
「為什麼對話不用『我』，而用『你』開始？」

這是多年養成的自我防禦語言習慣之一。倘若主語是「我」，則容易曝光「我」的弱點。而這正是都會人最討厭的事情之一。

除了「你今天真帥」這類的話，若用「你」起頭，往往易流於判斷、評價、糾正或責備。我們討厭暴露自己的弱點，害怕流露情緒，所以習慣不用「我」，用「你」開啟一段對話，藉此評價、判斷「你」。

如果試過和日本人對話，會發現多數日本人的語言習慣是「不會去評斷對方」。這是源自於日本文化。但是，不擅長對話的人，或是關係中的輸家，時時刻刻都在評價他人，甚至有些人自以為是在表現自己的愛和關心。

在進行對話時，為了傳遞自己的想法，難免要評價、判定、拜託和要求對方。這時用「我」開啟，能使對話變得柔軟。試想，如果媽媽這樣說：

「你爲什麼每天都這麼晚起床？」

「媽媽很擔心允書因爲晚起而上學遲到，被老師罵。」

要傳遞的訊息相同。但是，孩子的感受迥然不同。用更有創意和效率的方式表現好的情緒。如果真的希望允書能準時起床，就該採取後者的說話方式。

語助詞和補敘的使用也會大大改變對方的情緒。有一點一點吞蝕好意的惡劣語助詞，也有令人變得開心的天使語助詞。我們常常在對話中加入「不是」，比方說：

「不是，不是那樣，這次這樣做才對。」

語意相同，但換成下列的表達方式，會給人不一樣的感覺：

「沒錯。就是這樣。不過，這次用稍微不一樣的方式做，好像更好。」

「不是」和「誰知道，真的是那樣嗎？」這類的話，會傷害聽者。要小心這種語氣，一旦人們厭倦這種語氣，也許就會開始遠離你。**而「對」、「就是那樣」和「好，就這樣吧」則剛好相反，是能在對方大腦中累積好感的話。**

露出自己的缺點也是一種活躍對話氣氛的方式，又叫做「變身搞笑藝人」對話法。凡是我認識的溝通高手幾乎都使用這種方法。雖然人們討厭暴露自己的缺點，可是笑容多半出現在犯錯或展現弱點的時候。解放自身的不完整之處，是詼諧與幽默心理學的基礎。

「我剛才在洗手間照了鏡子，好耀眼啊，眼睛睜都睜不開。」

某一天，禿頭科長這麼說，逗得在場人士哄堂大笑。就像這樣，營造正向的情緒氣氛。之後，向下屬指派業務時，命令的強硬感將因此而降低。

命令和指示如同讓人戴上欺壓和逼迫的腳鐐。「不用想了，忘記吧」等惡名昭彰的話也不行，因為隱含左右對方感情的語氣。另外，「大家開心點吧」是強求感情的話也不行，因為一個人的情緒主人唯有「自己」。

了解我等同於了解我的語氣。在心理學方面，成功者的主要特色就是自我感知（Intrapersonal strength）。就如字面上的意思，了解自己是怎麼樣的人；有能力知道和自己有關的事是如何發生；事情會如何發展。

「語氣」決定別人怎麼看你

人都會變，語氣也會變。但是，想著總有一天會自動改變，於是擱置不理。那麼，縱使經過千萬年也不可能改變，除非你有自我改善的意識。此外，世界也在改變。現今時代的慣用語言，已從知性語言轉變到感性語言。不會使用感性語言的人，將錯過這個世界的變化，這樣是不行的。我希望各位不要只會用手機搜索大眾新聞，不妨用手機錄下自己說出的每句話，檢視自己的同時，想像看看，對方聽到我的話時，是怎樣的心情。

語氣和酒有共同的特性：都會慢慢發酵。倘若覺得某人有品味，泰半是因語氣所致。要想擁有良好的人際關係，就得努力培養有品味的語氣。只要長期不懈地練習，那麼不知不覺之間，挑剔的語氣會變成柔和、有品味的語氣。不僅如此，人生一定能更加順遂。

雖然很抱歉，但那是你個人的想法

接著，我要談的是，私下因某人的嫉妒而飽受折磨時的解決之道。

首先，別想著改變對方。有多少女性企圖讓壞男人改邪歸正，連婚都結了，結果賠上自己的人生？會嫉妒的人到死前都會嫉妒，大部分的人不會因為你的善意或小心翼翼的言行而輕易改變。面對這種人，我們需要擺出以下的姿態：

「原來你那樣想，那也沒辦法。」

以腦科學來說，那些嫉妒的化身源自於大腦疼痛的後遺症。當他們對某事物產生嫉妒心，由於無法宣洩其嫉妒，導致身陷極端痛苦，本人也無可奈何。假如有人對你這樣說：

「那件衣服，好像不適合你。」

如果你不回嘴，會使對方的操縱心理發揮效用。所以，馬上回答他吧，清清楚楚地讓對方知道我不是好惹的，像是：

「那是你的想法，其他人說很適合我。」

通常會變成嫉妒的化身，如果不是因為人格障礙，就是心理脆弱，而強勢發言能發揮嚇阻效果。

最重要的是「聯合」，被害者們不妨團結起來。當然，不是要用不正常的手段去排擠這些嫉妒的化身，不用因為這種人而徒生愧疚。寒冷時，企鵝會緊緊依偎彼此，就不會覺得那麼冷，同理可證，被害者們成群結伴能打消對方的攻擊念頭。

落單的企鵝會被當成獵物，為了存活，必須成立如同「工會」般的組織以對抗，這些皆屬於預防策略。

接下來，進入實戰。**遭到嫉妒的化身們的言行舉止折磨時，內心有邏輯的反駁是很重要的**，裝作若無其事，或者是無條件遺忘，反而會擾亂心神而引發憂鬱。須適當分析對方的言行，避免自己受傷。

某人在大學同學會上這樣說：

「妳，我剛才看妳，覺得妳超愛跟延宇裝熟。」

試著分析這句話吧！「是不是她自己想親近延宇，但是不順利？她的嫉妒心本來就很重，我只是跟往常一樣行動，看來她以為我想討延宇歡心。大家都是同學，最好有這種事啦，什麼叫男生只和我親近，這人真糟糕。」如上整理思緒，時間則不要超過十分鐘。在心情變好之後，找找其他事情做，因為過度分析會變得執迷。陷於負面情緒中，再三反覆咀嚼對方的話，是最糟糕的情況，也會正中善妒者的下懷。

給自己的練習

安撫心情的五十種方法

❶ 和能讓自己感到自在的朋友見面，暢所欲言。

❷ 和鏡中的自己真誠對話。

❸ 改走平常不走的路，悠閒散步。

❹ 背幾首喜歡的詩。

❺ 寫下一百個夢想。

❻ 一天對鏡中的自己笑三次。

❼ 一天至少一次，找出他人的優點並加以讚美。

❽ 買花給自己。

❾ 在天氣好的日子，散步欣賞日落。

❿ 一天拍三次照，拍照時露出燦爛笑容。

⓫ 早上起床寫下一件今天想做的事，並且實行。

⑫ 創造能讓自己著迷的新興趣。

⑬ 大聲放音樂，隨心所欲地跳舞。

⑭ 寫下陷入猶豫的待辦清單，從簡單的事開始解決。

⑮ 在工作途中，努力大笑。

⑯ 隨時都不要忘記，當下此刻是人生中絕無僅有的一刻。

⑰ 努力愛自己現在的工作。

⑱ 率先大聲跟對方打招呼。

⑲ 在熟人間，多和幽默的人聊天。

⑳ 努力拋棄要「做得好」的強迫觀念。

㉑ 承認人生是不完整、不安穩的。

㉒ 努力不看他人眼色。

㉓ 拋棄依賴他人的想法。

㉔ 每天寫下一件值得感激的事。

25 具體計畫一場帥氣的旅行。

26 抽空進行愉快的想像。

27 放聲高歌。

28 感激之情不要拖延表達。

29 一天至少說一次愛自己的話。

30 寫一封包含真心的信給珍貴的人。

31 要懂得感激小事。

32 下廚料理，如果能招待某人會更好。

33 再次提筆寫日記。

34 挑戰沒做過的事。

35 不要無條件逃避壓力，要接受它。

36 如果有待辦的事，不要拖延，馬上開始。

37 想哭的時候放聲大哭。

38 深呼吸。

39 不否認人生本來就是一個人。

40 認可、愛惜自己的樣貌。

41 承認他人和自己不同的事實。

42 每晚花二十分鐘冥想。

43 挑選讓心情平靜的音樂，每天空出聆聽的時間。

44 堂堂正正向討厭的事物說「不」。

45 不要事事想得太嚴重。

46 放慢速度，悠閒走路。

47 選個好日子，向喜歡的人吐露心意。

48 拋棄比較的心態。

49 思考什麼是人生真正重要的事。

50 看著戀人的眼睛說「我愛你」。

如何面對內心的「嫉妒」？

有名男人平日只看社會案件和事故報導，但他特別愛看名人的新聞報導，覺得非常有趣，而他更享受和別人分享報導內容。不過，他和旁人分享的消息大多是名人的私生活悲劇。

這種人的自卑感極重。在德國有個單詞叫「schadenfreude」，是損失（schaden）和喜悅（freude）的合成語，意思是幸災樂禍。

有人能自信地說我不是這樣的人嗎？我們多多少少享受著他人的不幸。假使事情發生在我們認識的人或是親近的人身上，則更有感覺。用MRI拍攝人們的大腦時發現，當人們聽到眼紅嫉妒的對象遭逢不幸，大腦負責喜悅和滿足的腹側紋狀體（ventral striatum），其活性會增強。

由此可知，看到嫉妒或討厭的名人發生不幸，會讓人產生快感。不僅如此，後來那個男人為了體驗更強烈的快感，甚至上網寫惡評。近期，

Humili-tainment娛樂節目的盛行原因也是如此。Humili-tainment是「屈辱」（humiliation）和「娛樂」（entertainment）的合成語，意思是讓觀眾看到節目來賓受到屈辱的模樣。

每個人都會嫉妒，但不能胡亂生妒，否則辛苦耕耘的人際關係說不定會就此搞砸。雖然藉由看藝人受屈辱而消弭內心的嫉妒，不失是個找回穩定人際關係的方法。可是要當心，屈辱節目看越多，大腦的嫉妒將不得休息，不停地被刺激活化，造成嫉妒心滿溢的反效果。

和嫉妒的化身們拔河，好好過日子固然重要，但更關鍵的是，別讓自己淪為嫉妒的化身。在競爭冷酷的城市中生活，我們可能變成嫉妒的化身卻渾然不覺。

若嫉妒心滿溢，不知不覺間，自尊也會坍塌，將成為負面情緒的奴隸。

如果發現自己有些不恰當的嫉妒心，不妨試著錄下日常生活中說的話，盡量不要意識到自己在錄音，像平常一樣對話，說不定聽了錄音之後會嚇一跳。

你說了多少嫉妒的話呢？

「那又沒什麼。」
「那個人會的只有那些。」
「他到底爲什麼要那樣？」

這些話會造就嫉妒的大腦，為了抑制嫉妒，請努力試著這樣說：

「在我看來，還可以。」
「是有可能會那樣。」
「事出必有因。」

努力練習，培養好感和認同的情緒，多看他人的優點。就算再糟糕的人，只要有心挖掘，一定能看見他的優點。那麼，那個人就會成為我認同的人，總有一天，會發揮意想不到的作用。

看電影、閱讀，能洗去內心的嫉妒

另外，也許你已經是嫉妒的化身。另一個消弭如同野獸般的嫉妒的方法，是觀賞電影和閱讀文學作品。藝術作品能淨化（katharsis）情緒。**「淨化」是一種利用藝術來累積內在情緒的有效方式，適合用於自我診療。**

你是否有沉浸於電影或小說之後，感覺負面情緒一掃而空，進入無念無想的狀態呢？當然，不是所有的電影和文學作品都有效。具體來說，情感澎湃的愛情喜劇或藝術電影，會更有幫助。

我最常推薦的是理察·寇蒂斯（Richard Whalley Anthony Curtis）導演的電影《愛是您・愛是我》（Love Actually）和《真愛每一天》（About Time），以及莎士比亞的文學作品《奧賽羅》（*Othello*）。

透過安全的媒體，可盡情宣洩吃醋或眼紅等情緒，達到有益精神健康的目的。

懂得原諒，也是一門藝術

「能怎麼辦，我也只能原諒了。」

一直以來，宇彬因為研究所同學鎮浩而覺得不舒服。到現在想起那件事，宇彬還是會生氣，不想見到鎮浩。

事情是這樣的：幾個月前，兩人吵到研究室的屋頂都幾乎掀翻了。鎮浩是犯錯的一方，他忘了在期限內提交參賽文件。為了處理臨時冒出來的緊急事件，宇彬焦頭爛額。明明負責提交文件的人是鎮浩，辛苦花了幾個月時間的比賽，卻連報名都沒報成。甚至好幾天過去，鎮浩才吐實，同組組員們紛紛聲討他。

每次遇到鎮浩，宇彬都會用這件事指責他。因為起初計畫時，提出核心點子的人是宇彬，同時他也是最認真準備的人。近一年的努力化為烏有，實在忍不下這口氣，宇彬控制不了怒氣。

宇彬覺得自己好像得了憂鬱症，於是透過認識的人向我諮詢，尋求解決之道。他表示太過生氣，以至於靜不下心念書，連期末考也考砸了，問我要看什麼書能幫得上自己。之後，我取得了他的電話號碼，親自聯絡他，介紹幾本書，最終目標是希望他能開口說原諒。

我一路以來為他人諮商，和那些無法擺脫怨恨及憤怒的人見面。我注意到怨恨某人的人往往不知道一個重要事實：最後承受痛苦，毀掉人生的終究是怨恨的一方。乍看之下，贏家似乎是怨恨者，而敗者是被恨者。實則不然，怨恨者的損失更大。怨恨是人類的情緒中，最具破壞力的情緒。

賢明的人會選擇原諒，取代怨恨。雖然這樣說，我們往往很難輕易原諒對方的錯誤。

難以原諒的原因之一，是覺得不公平。犯錯的人過得順風順水，但因那個人的錯，使我蒙受損失，過於委屈以至於說不出原諒。想藉由恨這個人，補償我的委屈和承受的不公平待遇。不如意的人生帶來的失望與挫折感，使我們無法輕易原諒別人。但是，原諒不順心的事也是一種智慧。

要知道擺脫不了怨恨，不只和那個人的關係，連帶其他事情也會變得不順。我們都很清楚，放不下怨恨的破壞力有多強大。心中湧現怨恨時，要先想到原諒才行。

原諒會送給我們的心靈意想不到的禮物。在非常艱難地原諒他人之後，未來的我們在待人接物時會更寬厚，不再那麼在意他人的過失，保有平常心。當然，事事原諒是不可能的。再者，也有不值得原諒的人。

其實，比起原諒一個人，更難的是如何判斷那個人是值得原諒之人，或是原諒那個人實在太便宜他了。思前想後，都不可原諒。

那麼，該原諒心存惡意，刻意折磨我的人嗎？原諒那種人叫做懦弱，不叫原諒。有時候，我們需要徹底的零容忍，有些事情，寧可嚴懲到底也不能輕饒。

說實在的，能原諒的事遠比不能原諒的多。若對不能原諒之事耿耿於懷，那就太傻了，因為怨恨會慢慢積累。空出時間看看自己的內心吧，小怨小恨一定比大怨大恨多，不要讓怨恨使心變沉重。

幾個月後，宇彬傳達了感謝，表示自己原諒了鎮浩。兩人徹夜長談，終於解開心結。現在兩人經常同進同出，焦孟不離。還說，因此彼此原諒，自己也好多了。

過多的負面情緒，會使人變得小心眼

我們在犯錯中度過每一天，比起錯誤，我們撒的謊更多。人們只是裝作不知情，睜一隻眼閉一隻眼，生活才得以平穩不生變。這樣的我們怎麼有資格不原諒他人犯下的小小錯誤呢？雖說有些錯誤得狠狠教訓，但是永遠不原諒對方的做法也不妥。

不能原諒的事和未解懸案一樣，會讓我們再三反覆咀嚼及思考。哪怕不想再想，卻總是會想到。然而，我們的內心、我們的大腦比預期的小。**負面情緒增加，空間就會急遽變小、視野變窄、判斷力會驚人地不成熟、人會變得小心眼。**因此，為了確保空間，我們要經常用「原諒」清掃那些瑣碎的小怨小恨。

雖說如此，要歷經各種情緒之後，才會產生原諒的情緒。在浮現「好吧，原諒他又怎樣」的念頭之前，得跨過無數的江水和沙漠。勉為其難並急著原諒他人是大忌，最穩妥的方式是，先沉浸於其他的好情緒中，直到產生原諒之心之後，再開始思考原諒。

給自己的練習

原諒時，仍要堅持的七個原則

① **首先，區分該原諒的事和不該原諒的事**

帶有惡意做的壞事絕對不能原諒。但如果是單純的失誤，就可原諒。

② **不要親近經常對我犯錯的人**

那些人會重複做同樣的事，原諒只是浪費自我的能量。建議多親近說話和行動有自制力的人。

③ **一旦下定決心原諒時，立即實踐**

提筆寫原諒信，適當的篇幅約是A4紙的一半。其實，很多時候，在填滿半張紙之前，早就已經原諒對方。

❹ 嘗試理解對我犯錯、討厭之人的立場

對方犯錯時，先思考他的處境。當然，這種方法有時候沒用。但是，嘗試理解對方會產生共感，而共感會產生原諒。所以，盡可能地去理解、共感對方。

❺ 直接告訴當事人：「我原諒你。」

原諒是最大的勇氣，說出原諒後會加倍閃耀。最棒的實踐方式是，在傾聽整件事的來龍去脈之後，給予和解的時間。

❻ 寫下一些句子，讓自己輕鬆地原諒對方

「你那樣做，使我非常難過。但這次我原諒你。」

「我原諒你，不過下不爲例。要是再犯，到時候，你什麼好處都得不到。」

「你知道因爲那件事，我有多傷心嗎？不過現在我忘光了。」

「這一次我原諒你。但是，你以後要對我更好喔！」

7 假如努力試圖原諒，卻仍耿耿於懷，就先放在心上，不用急於原諒

如果因為想著原諒對方，致使自己受傷，反而得不償失。保留那份原諒，直到心甘情願實踐時。

Chapter

5

這樣做，成為讓人想親近的人！

真誠待人，才能開啟一段關係

最近，真英的女兒上了小學，真英因此和同班的家長變得親近。雖然個人情況不便，但希望唯一的女兒過著順利的社會生活，因此真英向公司請假，排除萬難，參加媽媽們的早午餐聚會。大家一面吃著早午餐，一面閒話家常。可是才開始沒多久，就因為大半的成員得接孩子而散會，其他人隨時能見面，反觀特地請假出席的真英，她感到一陣空虛。

在那之後，聚會越來越頻繁，再加入一兩名新成員後，聚會規模變得更大。真英又再參加了兩三次聚會，打算好好親近幾位媽媽。可是，沒過多久，發生讓真英傷心的事。成員們拋下真英去吃好料，明明另一位媽媽也是職業婦女，叫了她卻沒叫真英，讓真英越想越悶。

經過了解之後，真英才知道有兩三個媽媽暗中施壓，要大家不要聯絡真英。原因是真英很無趣，她壓根不想聽真英聊職場生活和社會經驗。

真英一陣鬱悶，彷彿人生出了錯似的。在她的人生中，被排擠這種事也不是一次兩次了。雖然真英勤奮工作，在公司獲得好評，卻沒自信參加同事們的私下聚會。眼看媽媽聚會的成員們認識不到一個月就變成好友，每天相約見面，這讓真英很難接受。

我和真英見面，是因為真英女兒小春的美術治療。在進行第三次治療療程時，真英忍不住好奇問我，為什麼大家能這麼快變熟？我推薦她幾本書，也告訴她怎麼進行形成彼此緊密連結的共鳴對話方式。

這樣說，才能拉近彼此的距離

在對話中，人們的關係會變疏遠也會變親近。

「天氣眞好。」

「我討厭這種天氣。」

如果是上述的對話，雙方會馬上變得疏遠。若望・鮑威爾（John Powell）神父將人與人的對話分成五階段。第一階段是日常問候，例如：

「今天的天氣很好吧？」
「過得好嗎？」
「您好嗎？」

這種話說不說都無所謂，無助於建立親密感。但是，不說就會被當成奇怪的人，結果變成是看人眼色才進行的對話。

第二階段是事實與報告的對話，像是：

「聽說這個週末有韓日足球戰。」

這種對話稍微有趣一點，且能前進到第三階段。雖說這種對話依舊無助於建立親密感，但在關係發展初期，透過這種一來一往的對話來探索對方是必須的。

第三階段不僅是單純的情報交換，還追加了自身的想法，像是：

「昨天發生的案件有點讓人毛骨悚然，對吧？」

從此時起，對話雙方逐漸形成親密感，從對方看待案件的立場，進而掌握對方的品行。

第四階段是表露情緒的對話，像是：

「最近因爲那件事，我壓力非常大。」

鮑威爾將第五階段的對話稱為「心靈對話」，是在敞開對方心房，建立某種程度的親密關係之後才可能進行的對話。從第五階段起，對話雙方的情感，如安慰、共感、同情、認同、激勵和讚美等情緒會正向交流。這時候，這樣子的回答才是正解：

「原來如此，怪不得你看起來氣色很糟。其實我最近也有點煩惱，我最擔心孩子的前程。」

像這類的「情緒溝通」是從表面關係通往親密關係的捷徑。無論是對話分量或品質，都至關重要。**不管雙方認識多長時間，如果一直缺乏這類的情緒溝通，不免會產生距離感。**

第四階段和第五階段的對話有助於建立親密關係，不過，真英說自己很少進行這種對話。對她來說，學習一直優先於人際關係，自身能力得到認可、考上大學和找到工作是首要前提。和丈夫別說有深入的對話，從新婚時期就常吵架。因此，真英鼓起勇氣打給女兒好朋友的媽媽，提議兩人一起帶孩子去遊樂園玩。幾週後，真英滿臉笑容告訴我，和那位媽媽變親近的好消息。

道歉的機會有限，稍縱即逝

在人際關係中，比起讚美，更重要的是道歉。假使做錯事的是自己，也絕不拖延，在對方的壞情緒擴大之前，得先道歉才行。道歉的機會往往稍縱即逝。

像我這種傻氣的人，也很討厭那些總是不道歉的人。我曾因此和某個對我嚴重說錯話的人徹底斷絕往來。對方擅自評斷我，語帶貶義地說我要走的路既自閉又逃避。酒桌上的那一番話深深地傷害到我。

可是，因為我和對方認識了將近十年，很難置之不理。一位和我很熟的前輩，把事情經過看在眼底，隨即給了我當頭棒喝：「你要多承受幾次這樣的事才斷絕關係嗎？還是現在就斷絕關係？」

當時我的心非常軟，煩惱好一陣子才聽從前輩的建議，和那個人斷絕聯絡，老死不相往來。

不過，我不知道對方怎麼拿到我的手機號碼。不久之前，他發訊息給我，問我能不能幫他忙。雖然我沒封鎖他，不過我把他的號碼存成「拒接」，以防自己不小心接起電話。

此外，不要錯失道歉的時機。要知道有多少人因沒說出口的道歉而感到扼腕，又有多少人錯過道歉的寶貴機會？

那些因為自己的失誤蒙受損失，感到傷心難過的人，無論何時期望的都是一個真心的道歉。與其蔑視對方，隨隨便便地說「抱歉啦」、「原諒我」，給予不真誠的表面道歉，不如不要道歉。還有，**一次真心的道歉好過無數次敷衍的道歉**。不過哪怕想著真心道歉，道歉確實是我們不擅長的事之一。直到現在，我們從未好好學習如何道歉。儘管非常想道歉卻不知正確的道歉方式，到最後，也只會被當成是沒有歉疚之心的無恥之徒。

人們喜歡用自己的公式計算利弊得失，不過，能算對的寥寥無幾，老是把損失錯估成有益，或者是把利益錯估成損失。而對道歉猶豫不決的人，斷然算不好人生的損益得失。

道歉沒有期限，說出口就不晚

妍秀因為工作上的壓力，疲憊不堪，因此找我諮商，想聽取我對人際關係的建議。她的諮商內容主角是幾位天天得見面的上司，妍秀氣憤地表示，我告訴她的對話技巧在他們身上行不通。

在我和妍秀的諮商內容中，關於道歉的部分讓我印象尤為深刻。妍秀幾乎沒有朋友，她讀大學時，為了全心準備考試，錯過和同學、學長姐、學弟妹變親近的機會。諮商時的妍秀處於十分寂寞的狀態，沒有能分享對話的朋友。雖然如此，妍秀說自己在前公司差點交到一位好朋友。兩人很聊得來，一起參加進修課程時，開心暢聊近十小時。

但是，妍秀犯下害對方得寫悔過書的大錯，卻沒勇氣跟對方道歉，錯過時機。再者，妍秀從其他同事口中得知，對方對於妍秀竟然連一句道歉的話都沒說，感到憤憤不平。之後，妍秀到離職的這段時間，和對方再也沒有私下往來。只有在最後時，妍秀收到她送的離職小禮物，眼淚奪眶而出。

在諮商時，我時常遇到猶豫不決，眼看要錯過道歉機會的來談者。每當那種時候，我會鼓勵他們趕緊道歉，大多時候，結果比預期得好，經常聽說本以為為時已晚，卻在化解誤會的道歉之後，關係得以回復。

妍秀還有另外一位沒能道歉就分別的朋友。對方是她的大學同學，在諮商過程中，她得知對方的聯絡方式，因此得已和對方再次見面且真心道歉。雖說道歉得太晚，已經回不到從前的關係，可是，能向對方道歉，妍秀的心情變得非常輕鬆。所以說，若想讓心情變得輕鬆，不妨鼓起勇氣，表達自己的歉意吧！

如何眞心誠意地道歉？

探討和道歉相關研究的金浩博士，經過歸納，提出了正確表達歉意的方法，如下：

❶ 道歉時，要具體表達：「很抱歉造成你的不便、痛苦和損失」

「因爲我的失誤讓事情不順利，眞的很抱歉，害你吃苦了！」

❷ 承認自己也有責任

「是我的錯。」「我有責任。」

❸ 提及治癒和補償的方法

「雖然不足以彌補過失，但我會想辦法用各種方式償還。」

4 告訴對方，自己充分理解現在的情況

「我知道因爲我犯下的錯，發生了什麼樣的事。」

5 進行詳盡的解釋，但絕不是辯解

「我清楚這是我的責任，可是我不得不犯下這種錯誤的原因是因爲……（說明原因）。」

6 提出日後的解決之道

「爲了不再重蹈覆轍，我會小心什麼什麼事。」「我會做到這些事。」

另外，就我個人經驗，寫電子郵件或透過信件致歉，效果更佳。

把吃虧當吃補，真的好嗎？

有些人靠壓榨他人、玩弄他人心理，進而感覺到自己的存在。假如這個世界上只有這種人才能成功，我們的社會會變得怎樣呢？幸好，還有好消息，那就是給予者會獲得更大的成功。心理學家亞當・格蘭特（Adam Grant）將人分成三類，分別是付出較多的付出者（giver）、獲得多於付出的獲取者（taker）和獲得多少就付出多少的互利者（matcher）。獲取者是壓榨他人之人；互利者是在意收受平衡的人；付出者是會做利他行動的善良之人。

付出者又可分為兩類：一類是無盡給予，直至筋疲力竭的「捨己型付出者」（selfless giver）；另一類是尋求自身欲望和他人欲望之間的平衡的「利他型付出者」（otherish giver）。利他型付出者和總是變成傻瓜的捨己型付出者不同，雖然利他型付出者會向他人付出，但也會兼顧自身利益與成功。

實際上，聲名遠播的ＣＥＯ或是仕紳名流是付出者的機率大於互利者。

贏得好名聲是這類人成功的原動力。獲取者和互利者越往上爬，花的時間越多，有更多機率被淘汰。但是，付出者逐步吸引到更多的支持者，長驅直入。

這件事從我的朋友群就可以印證，最後留在我身旁的朋友變成了付出者團體。在過去幾年，獲取者和互利者被排除在我們的朋友聚會之外，隨時隨地都在展開作戰，良幣驅逐劣幣。除非我們是傻瓜們的聚會，否則不可能成為目前的班底。要曉得，善良的人生氣更可怕。我們有義務打造一個充滿付出者的美麗世界。若希望願望成真，就得記住下列原則：

① 相處約一至兩年，大概就能曉得對方是哪一類人

在朋友關係中，付出者之間的結盟是很重要的。聯合起身旁的好人吧！希望大家暫時收起付出者特有的同情和憐憫，齊心協力驅逐惹人厭的獲取者。

② 假如本人是獲取者，那就凡事小心為上，以防哪一天不知不覺被趕出團體

我有好幾次類似經驗，事情發生之後再求和解也沒用。就算時常反省，試圖努力行善，其他人還是有可能覺得你做得不夠多。

③ 獲取者貌似一直占上風，然而最後的贏家會是付出者

如果你是個天生的付出者，就不需要欺瞞本性，企圖成為獲取者或互利者。因為那樣做，只會徒增內心的糾結，付出者十分清楚自己的能力底線，就算無限犧牲時間或能量，獲取者也不會因此感到滿足。

④ 確實分辨該釋放善意的對象

如果對方是付出者，那麼有朝一日，你會得到更大的回報；如果對方是互利者，你就能獲得與付出相等的回報；即便對方是獲取者，付出一兩次善意也不是件壞事，當成行善積德。前提是，不要因為付出過多而使內心備感煎熬。

人際關係沒有絕對的眞理，離開也不一定好

「人際關係太累人了！請告訴我能走遍天下的人際關係祕訣。」
「要看什麼書才能洞察人們的心理？」
「沒有不讓心靈受傷的交友方法嗎？」

有這種東西嗎？與人交往，豈有不受傷之理。全世界有多少人既能建立人際關係又能不傷及自尊心？真的有從未因為別人的話而受傷害之人嗎？人際關係對人來說往往是個棘手問題，也沒有捷徑。不過，人類是感情動物這件事要牢記在心。

有項針對飯店清潔人員為對象進行的有趣實驗，所有實驗對象或多或少有健康方面的問題，將其分成兩組，告訴其中一組的清潔人員說，換床單和打掃洗手間能達到等同運動的熱量消耗效果，同時不給另一組任何情報。幾

個禮拜後，比對兩組的體重變化與健康狀態。

大家猜猜看結果如何？被告知打掃有助健康的那一組，其血壓和膽固醇數值比另一組有了明顯改善，體重也減輕約一公斤。此外，由於表現出積極正面的工作態度，工作時的愉快心情帶來了美好的結果。

說來也巧，我也遇過類似的諮商內容。當時的來談者是兩位三十歲出頭，年齡相仿，且在同一間公司工作的女性上班族。兩人的職務內容也是大同小異。不過，在工作的心態方面，有天壤之別。其中一位希望馬上離職，反之，另一位非常滿意自己的工作，滿意到能忽略其他的煩惱。

慧仁是前者。她毫不費力地選擇就讀的大學和學系，也和其他人一樣努力學習，投入就業市場，也順利找到工作。

當慧仁還是一個懵懂無知的職場新人時，那時她雖忙著適應職場生活，反而覺得工作很有意思，充滿熱忱。但是，做越久越覺得這不是自己想走的路，逐漸煩惱未來出路。慧仁的夢想是當心理諮商師，為此，她接受了職業適性測驗和生涯諮商。但結果顯示，她現階段的工作沒那麼不適合她。

在工作和人際間，取得平衡

其實，慧仁會覺得職場生活疲憊的真正原因是：挑剔的性格和艱難的人際關係。除了職場人際關係，還有私下的人際關係和男友的問題。對慧仁而言，人與人的關係一直是道難解的課題。特別是她深受與交往兩年男友間的結婚問題困擾。

「心理諮商的工作內容比慧仁妳現在面臨的人際關係，累上好幾倍。」

我這句話打消了她幾年來深藏心底的夢想。她一聽說我每星期都會遇到嚷嚷說想了結一切、想尋死，問我該怎麼辦的人，顯得非常慌張，之前並未料想到會有這種情況。

每份工作都有其難處與疲憊。不過，換個角度想，工作也有帶來力量和滿足感的部分。這個世界上又有多少人真的適合從事飯店清掃呢？我建議慧仁，擁有一顆懂得感激現狀的心很重要，也告訴她讓人際關係變輕鬆的方法。更重要的是，幫助她重新慎重斟酌工作問題。

慧仁在閱讀我介紹的一些書之後，重新思索工作和人生的意義。對工作原本不抱希望的慧仁，職場生活逐漸出現了彩虹，她和男友的關係也出現些許新變化，並重新考慮原本讓她卻步的結婚問題。

如何在他人腦海中留下好印象？

有些話會使人心情愉悅一整天，有些話在別人聽來是甜言蜜語卻傷害到自己。我們都想聽、想說讓心情愉快的話，但真要說出那種話的時候，往往找不到合宜的表現方式。很多人會記下或背下好的字句，克服限制。

美國著名的主持人歐普拉・溫芙蕾（Oprah Gail Winfrey）是其中之一。傑西・傑克遜（Jesse Jackson）牧師說過的話帶給歐普拉勇氣，如下：

「嶄露頭角能從種族和性別歧視中解放，請努力變得傑出吧！」

高中時，歐普拉在某次的教會聚會中第一次聽到這句話，深深銘記在心。之後，她只要看到好的句子就會寫下來，並且牢記在心。我珍惜的書之一就是《賦予我勇氣的那些話》（*Words That Matter*），書中我看見一名受到傷害的貧窮黑人女孩，蛻變成美國最受歡迎主持人的成長祕密。

我看到名言佳句也會像遇到珍貴的寶石般激動，書寫默背。不過也有人認為：「為什麼活得這麼累？只要心口如一，就不用做那些虛偽的努力。」但是，仔細想想吧！**那些你錯過的，還有轉身離開你的人，也許就是因為你心口如一說出的話，受到傷害，變得討厭你。**也或許是因為你沒說出足以打動他的話。

韓國詩人鄭玄宗的詩〈所有的瞬間都是花蕾〉被載入教科書許久。詩中的說話者對自己未能發現過往珍貴的人事物，感到自責悔恨，有感而發道：「我偶爾會後悔。那時的那件事說不定是富礦。那時的那人，那時的那物，說不定是富礦。」

我們要學習熟悉名言佳句的原因是，不學這種說話方式可能會錯過許多緣分。有時，人會因為這個世界有能賦予自我勇氣的帥氣語言，而得以撐下去。

據我所知，有很多人因為一句話失去了珍貴的緣分。我半數以上的來談者也是如此。不過，也有人因為一句話意外交到一輩子的好朋友。

養成抄寫佳句的習慣，並在對話中使用

幾年前，我接受地方圖書館的邀請，進行為期一個月的系列講座，那是因為一位圖書管理員延京讀過我的書之後，向館方推薦我。每次我去那裡會和她聊上二十至三十分鐘。有一次我們碰巧聊到了朋友的話題，我說我最好的朋友是女性，她用吃驚的眼神看著我。

延京說她最好的朋友是高中同班同學。那位朋友家境貧困，延京告訴她：「一切終將過去。」當時，延京剛知道這句名言沒多久，因為是好的句子，所以記在腦海中，句意恰好適合當時的情況。那位朋友把這句話畢生銘記於心，與延京成為最好的朋友。

巨大的悲傷如驚濤駭浪般，以破壞和平的力量侵入他的生活，珍貴之物自眼前永遠消失時，每個疲憊瞬間，他告訴自己「一切終將過去」。

——蘭塔・威爾森・史密斯（Lanta Wilson Smith）

我也有畢生銘記的句子。在我三十歲左右，由於一些校內情由，我離開了學校。當時《大學》中出現的「茍日新，日日新，又日新」伴我撐過艱辛時刻。那段時間，我不停徬徨尋找名言佳句以穩定情緒。

我們不可能知道所有的名言佳句，縱使一有空就學習美麗的句子，到死仍然學不完所有的好句子。不久前，我在電視節目上看到這句話：

就在這裡。這裡是我們的家。這就是我們。每一個我們所愛的人，每一個我們認識的人，每一個你聽說過的人。每一個人都在這裡生活過。

——卡爾・薩根（Carl Sagan），《黯淡藍點》（*Bale Blue Dot*）

這是《宇宙》（*Cosmos*）一書的作家卡爾・薩根看到旅行者一號從冥王星拍下的地球照片寫下的話。這句話揭示了我們為何相愛相逢的真正意義。

我讀過《黯淡藍點》（*Pale Blue Dot*）卻仍舊錯過如此好的句子，所以，為了謹記、反覆咀嚼這些名言佳句，養成看到就馬上抄寫的習慣很重要。

讓對話投機、心情愉悅的名言佳句

重度憂鬱症的主要特徵就是嚴重的悲觀，我經常遇到非常悲觀的人，那時，我會讓他們看下面這些詞彙：

幸福、溫暖、感激、樂觀、樂天、精力充沛、耀眼、優秀、滿意、感動、感謝、感嘆、謝謝、關心、開心、滿足、帥氣、明朗、高興、可愛、善良、生氣勃勃、信賴、平和、平常心、熱情、充足、獲得勇氣、愉快、享受、富足、親密、從容、快活、舒坦、和平、歡喜、富有朝氣、希望、喜悅、自信、熱愛

上述的單詞幾乎都是他們不用的詞彙。我要求他們使用這些詞彙造句。然而，越悲觀的人越造不出句子。這是因為這些詞彙都不具備悲觀主義。

你的情況又是怎樣呢？會經常使用這些單詞嗎？知道更多更好的表達方式嗎？像我，當我想起「希望」時，我會聯想起某句名言：

「悲觀主義者絕不會發現星球的祕密，無法航行至未知的大陸，也不能爲人類的靈魂打開一個新天堂。」

這句話出自海倫・凱勒之口。作為一名殘疾人士，海倫・凱勒沒有因此被侷限，反而透過自身的殘疾更透徹了解自我。她甚至說過喜愛自己的缺陷。儘管她失明失聰，卻擁有我們難以超越的靈魂。她那些充滿靈性明亮的語言也源自於她的缺陷。

不過，像是這一類的名言很難直接套用原文，多半要用自己的措辭將原文改述，在合宜的情境下運用。比方說，我們可以這樣告訴朋友：

「凡事愛往壞處想，會封鎖掉原有的出路。」

哲學家路德維希・維根斯坦（Ludwig Wittgenstein）說：「我的語言界線即是我的世界界線。」好的詞彙和字句能壯大我，創造我。把我所知道的名言佳句告訴珍貴之人，也可幫助對方成長。

那麼，怎樣才能知道更多名言佳句呢？活用名言集，像是《賦予我勇氣的那些話》（*Words That Matter*）之類的書是我最常使用的方法，像是收錄眾多名言的《*Dictionnaire des proverbes sentences et maximes*》（編按：此為法文書，台灣並無出版，建議讀者參考類似的名言集即可），對我來說是一本如金礦般寶貴的書。

我在學生時代看到名言佳句時會抄寫在筆記本上，隨後反覆背誦，直到滾瓜爛熟。最近，我也會寫下一句名言慢慢品味。十句名言佳句配一杯咖啡的時間剛剛好。

具備同理心，多爲他人著想

我正在進行一項以護佐為對象的治療項目，項目目標是緩解工作壓力，促進職員之間的和睦相處和溝通。雖然我帶著輕鬆的想法開始了項目，不過來訴說心理煩惱的人出乎預期地多。大多數的護佐長伴失智症或腦中風等病患身旁，艱苦的身體勞動造成高度職業壓力。

幾乎每個護佐都有被失智症患者毆打的經驗。有些護佐服務行動不便的患者，因而椎間盤突出。根據簡單的心理檢查結果發現，他們比起我諮商過的客服中心員工或郵差，有著更高的壓力指數。

項目的流程一開始，由我負責進行一小時的幸福人生講座；接下來，和我同行的美術治療師進行美術治療，請參與者畫出未來的希望；最後的時間則是簡單的寫作，引導參與者揭露不愉快的工作心聲。在項目進行的過程中，我們傾聽參與者訴說苦衷，分享對話，一起思索解決之道。

有些參與者說出自己的艱難經歷：有些參與者是家中的經濟支柱，心事重重說著說著，熱淚盈眶。不過，最多人訴說的還是工作壓力。因為工作問題心煩意亂，疲憊不堪，職員之間爭執吵架次數也變得頻繁。其中一位五十多歲的護理人員，她的煩惱是因為工作和同事吵架卻無法和好，問我如何解開心結並回到從前。

透過非暴力溝通，拉近彼此關係

我們聊了好一陣子，她才指著坐在另一頭後方的後輩，說出兩人之前相處愉快，一次大吵之後，後輩故意不理她，她很傷心。當她說到想和好時，那位後輩漲紅了臉，不知所措。

我先是給出以下建議：「大部分的上班族都會這樣，因為夜班或加班而過度疲勞，會把累積在心底的工作壓力一股腦地對同事發洩。如果彼此多關照互助，就能減輕工作壓力。」

隨後我分享了帶去的資料文件，告訴她們心理學家馬歇爾・盧森堡

（Marshall B. Rosenberg）提倡的非暴力溝通。非暴力溝通是一種刺激人們善良的本性，培養共感能力的對話方法。透過非暴力溝通能進一步緩解人際關係。我連帶說明了如何進行非暴力溝通，共分為四階段。

第一階段是「觀察」。注意正在對話的雙方之間發生過什麼事，留意情況，包含觀察對方的言行舉止，如下：

「金代理，最近你的工作量好像太大了。」

第二階段是「感受」。排除評價，盡量避免責備及指責，如下：

「金代理，你看起來很累，好像瘦了不少。」

第三階段是「坦承需要」。思考自身需求，與本人當下的感受作連結。人們經常隱藏自身需求，僅宣洩當下的情緒。長久下來，很容易說出不是真心也混淆本質的話。

表面看來，貌似因對方產生了情緒，但是占據大部分內心的其實是自我的需求。很多時候我們責備對方，是因為牽涉到自身的需求，也可能是我們習慣性迴避自身需求，愛將錯誤歸咎於他人身上，如下：

「金代理，最近工作爲什麼做成這樣？」

這句話的隱含需求是：「金代理，我希望你能好好處理事情。」**為了滿足自身需求而責備他人，對於問題的解決無濟於事。**因為金代理只會產生「好討厭那個人」的負面情緒，不會下定決心好好處理工作。

同樣地，太太很容易對每天晚歸的丈夫說出這一類氣話：

「你一點都不關心家裡。」

不妨試著這樣說：

「老公，我希望你能早點回家，和我們一起吃晚餐。」

人們習慣性迴避自身需求，每每責備對方，而不是坦承需求。**非暴力溝通最關鍵的是，從情緒中覺察自身需求，坦承需要。**

非暴力溝通的最後階段是「請求」。如果單方面訴說自身需要，對方會找不到頭緒，不知道該怎麼做，必須鄭重地請求，不要單方面叫對方接受自己的要求。舉例來說，不要對晚歸的丈夫發脾氣，改用「我想和你一起吃飯散步，今天早點回家吧！」這種更忠於自我情緒的話會更容易傳達需求。

可是切記，非暴力對話不能圍繞於我們自身的利益和便利。

「老公，我們家好亂。」（觀察）

「老公，家太亂了，讓我好煩。」（感受）

「老公，我希望家裡能整齊乾淨一點。」（需要）
「老公，打掃家裡吧。」（請求）

非暴力溝通是一個促進良好溝通的模式，但如果每次都套用相同模式，會使對方厭煩，認為被要求聽從，或被安排了作業，反而傷感情。這就完全背離非暴力溝通的宗旨。所以要提出蘊含智慧的請求，像是：「老公，你是不是很累？其他的事我來做，只有客廳交給你打掃，可以嗎？」

非暴力溝通的真正目標不是追求自身利益，是共存；不是為了自身的利益或快樂去說服對方，是要公平分擔事情，遇到困難的事情樂於互助，創造和平生活的持續溝通。

「老婆，部長說我看起來很累，要我早點下班，所以我才能早回來。可是如果今天還要打掃，眞的太累了。我們能不能不要打掃，一起看個電影，喝杯啤酒？」

「不行。我今天一定要把家裡打掃乾淨，希望你也能一起打掃。」

如果用上述方式回答丈夫，就算採取非暴力溝通的方式也是徒勞。非暴力溝通是一套基於同理心的溝通法則，唯有雙方各自表述需要和情緒，才能和平共存，和睦相處。有效達到非暴力溝通的最關鍵情緒是憐憫。共感源自於憐憫，是一種雖然我很累，但是那個人一定也很累的心態，像是：

「雖然我又做家事又照顧孩子，眞的很累。但是，他一整天在公司工作，肯定也很累，眞是同情他。」

我請那名五十多歲的醫護人員按部就班照著說：

「因爲和妳關係疏遠，我很傷心。」

「我想和妳再次拉近距離。」

「所以請妳回心轉意，像之前一樣親近我吧！」

她按照我的交代說了這些話。緊接著，我把不知所措的兩人叫來，讓兩人緊緊擁抱。

比起說話技巧，理解對方更重要

好的對話來源於「共感」，反之，沒有共感的對話是演說、是說服，不是真正的對話。可是，我們過去更常學習觀察自己所想，於是特別不擅長共感。再加上在辛苦的競爭社會中，人們形成強烈意識，以為共感是失敗的，說服和強調自身觀點才會勝利，認為共感是弱者做的事。

但是，共感時代來臨了。今日的社會中，「食古不化的老頑固」已凋殘沒落。

很多人問如何增進對話技巧，來聽講座的聽眾也時常請我分享訣竅。我總是強調，「共感能力」比對話技術更重要。人腦中有鏡像神經元和共感大腦。雖然共感大腦的優劣有一定的先天因素，有人出色，有人不足，但這些都是可以透過後天練習而培養。

因為二十世紀的教育與文化，使我們的共感能力顯著低下。哲學家羅曼・柯茲納里奇（Roman Krznaric）提倡二十一世紀的核心是共感能力，並且投身研究訓練和加強共感能力的方法。

羅曼・柯茲納里奇提出的共感六原則如下：

①相信共感能力是人性的核心，需要歷時一輩子的成長。

②事事換位思考。換位思考的對象不只是朋友，也包含敵人。

③挑戰可培養共感能力的新事物，體驗和生活及文化衝突的東西。

④養成習慣，對陌生人感到好奇，並傾聽他人的話，及脫下人際關係的假面具。

⑤練習透過藝術作品讀懂他人的心。透過美術、文化、電影和社群等各種形式的作品，踏上一段通往他人內心的旅程。

⑥為周遭帶來改變的風。創造大規模的共感，引領社會的變化；亦可走進大自然，開拓共感視野；或參加奉獻活動。

所有的關係皆始於「語氣」

下列文字分別屬於兩種類型：

可利用封印卷軸，以防止切換帳號的角色時，道具不幸掉落。解除封印卷軸可以解除道具的「封印」狀態，請至官網申請，申請成功後，系統會將道具置入玩家帳號中。

——線上遊戲天堂「解除封印卷軸」

你別忘了人生短暫。是短暫的祝福。喜悅地、盡情地生活吧，否則，就是一個錯誤。做什麼都關係不大，關鍵是你要生活。假如沒有生命，你還有什麼呢？

——亨利・詹姆斯（Henry James），《大使們》（*The Ambassadors*）

前者是摒除情緒的文字，後者是充滿感情的文字。儘管篇幅相當，但是閱讀的時間卻有差。第一種文字可以在腦海中超高速地歸納整理：第二種文字閱讀後會留有餘韻，讓人慢慢品味思索，盪氣迴腸。

我們可以像第一種文字般說話，也可以像第二種文字般說話。在枯燥乏味的城市生活中，我們更常使用第一種文字。大城市是個讓人不得不理性對話的地方。

有人習慣努力摒除情感的對話和行動，愛用「我不清楚」之類的話進行自我防禦。我珍藏的繪本《害怕受傷的心》（*The Heart and the Bottle*）是由藝術家奧立佛・傑法（Oliver Jeffers）所著，描述一名心臟受過傷的年輕女性，小時候的她被人傷透心，害怕再次傷心，於是不帶感情地生活。

衝擊性的經驗或辛苦的人生會造成述情障礙（Alexithymia）。述情障礙一詞由心理學家彼得・西弗尼奧斯（Peter Sifneos）創造，源自希臘語「沒有表達靈魂的單詞」，延伸意義為不是沒有情緒，是不會表達的方法。

述情障礙者不會用言語表達內心累積的情緒，改藉由衝動、沉淪、依存、躲避和攻擊性等方式發洩。若無法發洩情緒，會導致身體不舒服，沉淪於某種事物，產生衝動性行為。

在我與憤怒調節障礙患者進行諮商時，我仔細地觀察對方的言語，發現幾乎沒有表達情緒的詞彙。而這位來談者是一名嚴重的遊戲成癮者。

下列是情緒管理自我評估表，可評估自己的情緒狀態掌握能力。

- □ **不想使他人受傷，我習慣小心翼翼說話。**
- □ **就算被拒絕也不輕言放棄，會再次挑戰。**
- □ **總是考慮到他人的立場。**
- □ **不會用第一印象或語氣去判斷他人。**
- □ **即使不滿意他人的言行舉止，我也不會指責。**
- □ **他人讓我生氣時，我會快速表達我的不高興。**
- □ **常進行自我對話，告訴自己：「你做得很好。」**
- □ **我是冷靜從容的類型。**

□ **我很容易就能察覺他人的心情好壞。**

□ **我不太在意他人的讚美或責備。**

符合五項以上，表示很安全；符合七項以上，則說明情商高；符合五項以下，調節情緒能力很可能出了問題，不擅長表達自身情緒。

如果情感表現出現大問題，是非常嚴重的，一定要設法解決。左右精神健康的最大要素之一就是情緒能力。**改善情緒調節能力不是為了經營良好的人際關係，而是為了精神健康。**

我們要挑戰坦率地表達情緒，方法有：多看有感情戲的電視劇、涉獵經典愛情電影、常常閱讀詩篇和小說，以及重視私人聚會多過公事聚會。

方法非常簡單，日常生活中練習多用這些詞彙：心情好、開心、心滿意足、喜悅、太棒了、友好的、懷念的、著迷的、精力充沛的、生機勃勃的、可靠的、自信十足的、充沛的，並運用這些感情詞彙造句，例如：

「今天走了一萬步，變得更有精神了。」

「晴空萬里，開心得像是要飛到雲端上了。」

多把開心的句子寫在筆記本或便條紙上，重看時心情愉悅，偶爾在心裡複述也很好。關鍵在於提升正面情緒能量。這不是要我們變成感性的人，是要變成正向樂觀的人。

然而，韓文字典裡的負面情緒詞彙比正面情緒詞彙來得多。光是查詢和悲傷有關的單詞就有這麼多：

催人淚下的、傷心的、淒涼的、鬱結的、虛脫的、焦急的、令人憐憫的、孤獨的、後悔的、想哭的、悲傷上湧、苦澀的、抑鬱的、灰心的、淒涼的、喪氣的、惋惜的、悲慘的、無精打采的、希望渺茫的、絕望的、沒力氣的、茫然的、惋惜的、自暴自棄的、想死的心理學家們認為，由於韓國國民走過悲痛的歷史，無意識累積驚人的負面情緒，使得韓國人對於悲傷的感受性強。這是韓國人一定要共同克服的心理缺陷。

難過一次，就要開心三次

我的意思不是要大家傷心時不能說傷心，並禁止使用負面情緒來表達，而是要調整日常表現負面和正面情緒的比例。比如說，「可惡」之類的口頭禪，就是自我體內累積的負面情緒象徵。

負面、悲觀或不安者，其情緒發洩管道既狹窄又單一。感情迴路雖未必多采多姿，但如果只使用幾條情緒發洩管道，會有害精神健康。這種人很容易積累負面情緒，一有壓力就採取暴飲暴食等錯誤的發洩方式。

那麼，正面情緒和負面情緒的比例該是多少才好？根據研究結果顯示，正面和負面的比例為三比一時，人們最開心。**換言之，不開心一次，就要開心三次，才能維持情緒平衡。**

首先，遠離新聞報導。新聞報導充斥不安、負面的訊息，負面新聞層出不窮。引發負面情緒問題的不只有新聞報導，在日常生活中也充滿各種將正向情緒翻轉成負面情緒的核彈，像是科長的嘮叨、部長的責備、意外多出來的工作等。

諸如現實的磨難、經濟困難、出路問題、工作的不滿、缺乏休息，以及壓力過大都會使心情低落，被陰影籠罩。

有一名心理學家向達賴喇嘛提問：「如何在難以承受的磨難中，保持平常心？」

達賴喇嘛回答：「欲望的反面不是無欲無求，是滿足。若能滿足，則你擁有什麼都無所謂了。無論處於何種狀況下，你都能一如既往地感到滿足。」

如果很難達到達賴喇嘛所說的境界，那麼就試試我建議的心理技巧，即有意識地增加正面情緒。

首先，持續寫下令自己悲傷、生氣的事情，以十分為基準來分配分數，負面事情的數量乘以各自的分數，這個分數就是今天你的負面情緒總量。其次，將這個數字乘以三，那就是你需要的正面情緒總量。

接著，列出能讓你開心、幸福、感到有意義的事。完成這件事會有多開心，以十分為基準來分配分數，再將正面事情的數量乘以各自的分數，計算和負面情緒總量差多少？還是超過了它？如果比負面情緒少，那就要思考提高肯定情緒總量的方式。

這個方法有助於徹底了解自身情緒。當你覺得今天不高興，卻不知道原因，感到困擾的時候，就仿效圍棋棋士複製每步棋的過程，回想今天發生過的事和當時的情緒。像是寫下「今天朴組長說了不好笑的黃色笑話，害我心情很差。」如果能進一步詳細描述會更有幫助，像是「我因為那句話，心情變很差，既煩躁又厭惡。」（請使用下頁表格來填寫）

負面的事	
1.	＿＿＿＿＿分
2.	＿＿＿＿＿分
3.	＿＿＿＿＿分
4.	＿＿＿＿＿分
5.	＿＿＿＿＿分
• **負面情緒總量**	
負面事情的數量X分數	＿＿＿＿＿分
• **需要的正面情緒總量**	
負面情緒總量×3	＿＿＿＿＿分

正面的事	
1.	＿＿＿＿＿分
2.	＿＿＿＿＿分
3.	＿＿＿＿＿分
4.	＿＿＿＿＿分
5.	＿＿＿＿＿分
• **正面情緒總量**	
正面事情的數量×分數	＿＿＿＿＿分

英國藝術評論家約翰・羅斯金（John Ruskin）說過：「陽光是甜美的，雨水是清新的，微風讓人涼爽，雪花讓人振奮。世界上哪有壞的天氣，只有不同的好天氣。」

結語

致渴望擁有真關係的你

孩子從三、四歲起就會被送去適應團體生活，開始學習社會化，社會化不足或本性內向的孩子會出現社會化遲滯現象，日後就算長大成人也很難克服這個問題。

因為多重因素，我到了二十歲時依舊社會化不足。但是，外在環境迫使我不得不接受社會化訓練。我就讀的科系有非常多讀書會，基於義務，我參加了其中幾個讀書會，甚至有過同時身兼五、六個讀書會的經驗。

像我這樣的人很難適應讀書會自由分享意見的風氣。因為要我站在人前，分享自己的想法和情緒實在是件苦差事。不過好幾年後，我搖身一變，變成了積極熱情的參與者。當時在讀書會中學到的各式關係練習，如今變成我人生中的珍貴財富。

但人生不容小覷，往往令人措手不及。年近三十歲，我被學校突發事態連累，社會化也跟著支離破碎。因為被信賴的關係傷害，致使我失去對人的信任，更罹患嚴重的憂鬱症和社交恐懼症。然而，心受傷了，重新治癒就好。美國著名劇作家尤金・歐尼爾（Eugene O'Neill）說過：「我們生而破碎，用活著修修補補。」如今，我比我身旁的人活得更好，過往信賴關係帶給我的傷害，化為了成熟的人際關係能力。

人生中不如意事十之八九，不過自有克服之道。首先，要「直面」那件事。其次，「審視」引起那件事的各種因素之後，全然「接納」事情的發生。若不直接面對，就會迴避；若不審視，就無法理解；若不接納，就會充滿負面情緒。

在全然接納一切之後，請抱持「良好的心態」。最後也是最重要的，是要用「愛」克服那個傷痛。無論是哪一種傷痛，如果不用愛，很難完全治癒。這也適用於人際關係。我們結交朋友，和人建立關係，會被傷害必不可免，會帶來傷害的關係普遍存在於我們的人生中。遺憾的是，我們身處的各種人際關係中，也許帶來傷害的多過帶來愛的。不過，我們不能長久放任這樣的狀況而不理。

一段會帶來傷害的關係，會將傷害累積在心底。因為看不見，我們就以為沒關係，其實不是的。長久維持一段不好的關係，會使人精疲力竭，我們必須迅速地採取對策。

帶來傷害的關係，請勇敢拋棄吧！

如果這段關係會使你崩潰，那就果敢地拋棄。雖然結束一段關係看似會天崩地裂，實際上，等時間過去，根本不會怎樣。世界上沒有比會傷害自己的關係更微不足道的事了。不，是沒有比這種關係更危險的事。

在工作方面也是一樣。儘管待遇好，薪水高，但如果周圍都是會傷害你的人，怎麼辦才好？不能只看外在條件，我們也要考慮到每天飽受的精神壓力。如果是怎麼也改善不了的關係，不妨鼓起勇氣退貨吧！世上還有很多能愉快工作的地方。

我們要努力結交使自己心情愉快，讓自我我感覺被愛的關係。哪怕工作再辛苦，只要下班後有幾段能撫慰痛苦的關係，有幾個足以讓你感到溫暖的人，就能好好過每一天。

因此，不能停止努力建立更好的關係，要創造充滿愛與希望、喜悅和原諒、憐憫與信賴的關係。**我們生而破碎，用活著修修補補，若想修補破碎的自我，最好的方式是用好的心態和他人分享真實的愛。**

藉由這本書，希望能幫助大家解決層出不窮的人際關係問題。只要有勇氣和他人分享真心，建立一段好的關係並不難。

心靈漫步

我也不想一直當好人：把痛苦、走偏的關係，勇敢退貨，只留下對的人！

2020年5月初版
2021年9月初版第五刷
定價：新臺幣350元

著者 朴民根
譯者 袁育媗
黃莞婷
叢書主編 陳永芬
校對 陳佩伶
版型設計 木木lin
內文排版 綠貝殼資訊有限公司
封面設計 張巖

副總編輯 陳逸華
總編輯 涂豐恩
總經理 陳芝宇
社長 羅國俊
發行人 林載爵

出版者 聯經出版事業股份有限公司
地址 新北市汐止區大同路一段369號1樓
叢書主編電話 (02)86925588轉5306
台北聯經書房 台北市新生南路三段94號
電話 (02)23620308
台中分公司 台中市北區崇德路一段198號
暨門市電話 (04)22312023
台中電子信箱 e-mail：linking2@ms42.hinet.net
郵政劃撥帳戶第0100559-3號
郵撥電話 (02)23620308
印刷者 文聯彩色製版印刷有限公司
總經銷 聯合發行股份有限公司
發行所 新北市新店區寶橋路235巷6弄6號2樓
電話 (02)29178022

行政院新聞局出版事業登記證局版臺業字第0130號

本書如有缺頁，破損，倒裝請寄回台北聯經書房更換。 ISBN 978-957-08-5511-1 (平裝)
聯經網址：www.linkingbooks.com.tw
電子信箱：linking@udngroup.com

國家圖書館出版品預行編目資料

我也不想一直當好人：把痛苦、走偏的關係，勇敢退貨，只留下對的人！/朴民根著．袁育媗、黃莞婷譯．初版．新北市．聯經．2020年5月．272面．14.8×21公分（心靈漫步）
ISBN 978-957-08-5511-1（平裝）
[2021年9月初版第五刷]

1.人際關係 2.自我實現

177.3 109003932